西南交通大学科学研究基金(廉政与治理专项)资助

| 光明社科文库 |

公众廉洁感知、满意度和政府信任关系的实证研究

李春梅◎著

光明日报出版社

图书在版编目（CIP）数据

公众廉洁感知、满意度和政府信任关系的实证研究 / 李春梅著. -- 北京：光明日报出版社，2020.1

（光明社科文库）

ISBN 978 - 7 - 5194 - 5589 - 7

Ⅰ.①公… Ⅱ.①李… Ⅲ.①廉政建设—研究—中国 ②国家行政机关—行政管埋—研究—中国 Ⅳ.①D630.9②D630.1

中国版本图书馆 CIP 数据核字（2020）第 022081 号

公众廉洁感知、满意度和政府信任关系的实证研究

GONGZHONG LIANJIE GANZHI、MANYIDU HE ZHENGFU XINREN GUANXI DE SHIZHENG YANJIU

著　　者：李春梅

责任编辑：郭思齐　　责任校对：龚彩虹

封面设计：中联学林　　特约编辑：张　山

责任印制：曹　诤

出版发行：光明日报出版社

地　　址：北京市西城区永安路 106 号，100050

电　　话：010 - 63139890（咨询），010 - 63131930（邮购）

传　　真：010 - 63131930

网　　址：http：//book.gmw.cn

E - mail：guosiqi@ gmw.cn

法律顾问：北京德恒律师事务所龚柳方律师

印　　刷：三河市华东印刷有限公司

装　　订：三河市华东印刷有限公司

本书如有破损、缺页、装订错误，请与本社联系调换，电话：010 - 63131930

开　　本：170mm × 240mm

字　　数：151 千字　　印　　张：13

版　　次：2020 年 1 月第 1 版　　印　　次：2020 年 1 月第 1 次印刷

书　　号：ISBN 978 - 7 - 5194 - 5589 - 7

定　　价：78.00 元

前 言

政府的廉洁问题历来都是各国政府关心的核心话题，它不仅影响到民众对政府的满意度，对政府的信任，更影响到执政党的兴衰和命运，影响到一个国家的稳定和发展。

虽然廉洁问题深受关注，但是从实证的角度来探求到底哪些因素会影响公众的廉洁感知，公众的廉洁感知和廉洁预期如何测量，二者对满意度和政府信任有何影响，目前学界进行探讨的还相对较少，而这些问题的厘清又对政府科学指导反腐倡廉工作起到重要作用。因此本研究在文献研究和相关理论的支持下，构建了以廉洁预期、廉洁感知、满意度和政府信任四个变量为主线，同时结合个人基本属性和大众传媒对廉洁感知的影响为辅线的廉洁理论模型，并通过实证调研和统计分析，深入剖析了廉洁感知的因子构成及个人属性和大众传媒对廉洁感知的影响，深入剖析了廉洁预期、廉洁感知、满意度和政府信任四者之间的关系，深入剖析了满意度在整个模型中起到的作用到底是中介作用还是调节作用。

研究主要做了以下三个方面的努力。首先，廉洁感知是由三个维度构成的，本书初次探索并验证了廉洁感知的结构维度。以往对于廉洁感知大多是定性的研究，运用定量的方法，采用调研实证分析进行论证的极为少见。本研究通过探索性因子分析、验证性因子分析和备择模型择优比较，最后得出廉洁感知由三维度构成，分别是公众对政府机构的廉洁感知、公众对立法机构的廉洁感知和公众对监督机构的廉洁感知。其次，本研究理清了各变量之间的关系。公众廉洁的预期和感知均会影响满意度，其中预期对满意度呈反向影响，而感知对满意度呈正向影响。公众对廉洁的预期不对政府信任产生影响，但是其感知却对政府信任产生直接正向影响，而公众对政府的满意度也对政府信任产生直接正向的影响。最后，本研究验证了满意度在模型中的作用。研究发现，满意度在廉洁期望和政府信任之间不具有中介作用，但在廉洁感知和政府信任之间具有中介作用，廉洁感知是完全通过满意度来影响公众对政府的信任的。同时，满意度在廉洁预期和政府信任中有调节效应。

廉洁感知维度的探析将对廉洁感知的内涵界定和测量起到很大的促进作用，通过对廉洁预期、廉洁感知、满意度和政府信任模型的构建，从理论和实证两个方面，对于提升政府的廉洁形象，提升公众的满意度和对政府的信任感都将起到科学的指导作用。这将进一步完善廉政建设的相关理论和为政府廉政建设提供具有可操作性的政策建议。

目　录
CONTENTS

第一章

绪　论

政府的廉洁问题，历来都是全球各国政府关心的核心问题，亦是学者和民众关心的重点问题。对于目前的中国，廉洁问题不仅关系到国家兴亡的大事，也关系到每个民众的生存质量，以及民众对政府满意度和政府信任等核心问题。

第一节　研究的背景

廉洁，尤其是政府廉洁影响巨大，因此备受瞩目。正如戈尔（Giro）所指出的，“腐败是任何社会最危险的社会疾病。这是因为腐败像一种致命的病毒，攻击有利于社会进步功能的重大结构，因而使社会生存面临巨大危险。”腐败，在政治上会损害政府形象，影响群众对政府满意度，造成群众对政府的不信任。在人民论坛对“最伤民心的作风”进行调研时，结果显示贪污腐败高居第一，而在两年前人民论坛“未来十年十大挑战”的调查中，贪污腐败同样位居第一，这说明贪污腐败仍是百姓最深恶痛绝的现象。腐败在经济上会增加交易成本，引起大量税收流失、非法经济犯罪、行业垄断、资本外逃和公共支出增加等问题。全球未来学会（GFF）认为腐败是中国经济增长的重要障碍之一。它认为每年腐败所造成的损失占GDP的4%。清华大学国情研究院院长胡鞍钢估计腐败所造成的经济损失和消费者福利损失约占GDP的13.2%至16.8%，大约相当于每年损失9875亿元至12570亿元人民币。

正是因为腐败的危害，历届政府都非常重视廉政这一问题。新一届中央政治局的第一次集体学习时，习近平总书记就强调，“‘物必先腐，而后虫生。’近些年来，一些国家因为长期积累的矛盾导致民怨载道、社会动荡、政权垮台，其中贪污腐败就是一个很重要的原因。大量事实告诉我们，腐败问题越演越烈，最终必然会亡党亡国！我们要警醒啊！”从总书记在第一次政治局学习会上强调腐败的危害严重到了“亡党亡国”的程度，到“打铁还需自身硬”，“物必先腐，而后虫生”，到“老虎苍蝇一起打”，再到“反腐败是实现中国梦的前提”，无不彰显出我们的政府对腐败问题的重视。

社会公众作为公共服务最庞大的需求方和公共权力的真正拥有者，他们的意见可以最为权威地反映出政府在反腐败工作中的实际情况，他们的感知能够直接地反映出当下我们政府廉洁工作的实际问题，他们对政府廉洁的满意度以及对政府的信任度，直接从源头上让我们认清了反腐败的工作范围。这对于破解反腐倡廉考核机制的现实困境，创新反腐倡廉的社会参与机制有重要的实践价值和现实意义。

目前，一方面政府对反腐问题高度重视并积极采取行动；另一方面，老百姓对腐败的深恶痛绝会导致对政府的不满意、不信任，政府信任的危机已经越演越烈。必须通过对民众在整个政府腐败过程中对腐败的容忍度，对实际生活、工作中的腐败问题进行实际调研，分析出到底哪些因素影响了公众对政府的满意度和信任度，从而才可能有针对性地改善目前的局势，使得我们的政府成为令人民满意、受人民信任的政府，这才符合我们当前所提出的群众路线的实际。

因此，本研究将ACSI模型引入廉洁问题中，并结合廉政问题的实际特别进行修正。从公众对政府廉洁的预期和实际感知入手，来摸清廉政的现状和存在的问题，通过对廉洁预期和廉洁感知与政府满意度、政府信任的关系分析，来寻找到底哪些关键变量影响到了公众对政府的满意度，影响到了公众对政府的信任，从而对提升政府满意度和信任提供有针对性和可操作性的政策建议。同时，将媒体引入模型中，考虑媒体在整个廉洁感知等方面所产生的影响，对正确使用和引导媒体将起到重要作用。

本研究将廉洁预期、廉洁感知、公众满意度、政府信任四个关键变量纳入模型之中，同时考虑个人基本属性和大众传媒两个影响因素，从公众的视角，建立了一个更为科学的廉洁感知模型，这对于扩宽腐败问题的研究视角、提升政府满意度、增强公众对政府信任度等方面均有一定的促进作用。

第二节 问题的提出

一、廉洁感知的研究

对于廉洁感知的研究，目前比较集中在廉洁感知指数这一领域，通过廉洁感知指数来测量政府的腐败程度或者说廉政程度。

国际上腐败主观测评的方法已经有了一定的尝试，其中透明国际组织（Transparency International，TI）的廉洁感知指数（Corruption Perception Index，CPI）是较为成熟的代表。CPI 反映的是企业界、学者及风险分析人员对世界各国（地区）腐败状况的观察和主观感受。CPI 采用十分制，10 分为最高分，表示最廉洁；0 分表示最腐败；8.0～10.0 表示比较清廉；5.0～8.0 为轻微腐败；2.5～5.0 腐败比较严重；0～2.5 则为极端腐败。由于样本数量多、应用较为广泛，该指数在国际上产生了巨大的影响，也成为国际学术界普遍认可和使用的腐败指标。

作为对 CPI 的补充，国家（地区）的出口企业在行贿指数（Bribe Payers Index，BPI）实际体现出对国外行贿的意愿。BPI 的主要数据来源是对大型企业、会计师事务所、商会、主要商业银行和法律事务所的高级立法以及在跨国企业工作的外籍人士和高级立法进行访谈，以获取主要出口国贿赂高级公务员的情况。BPI 主要是依据该国的大型出口企业在现实经济生活中的真实行贿经历来直接得出结论。

全球腐败晴雨表（Global Corruption Barometer，GCB）是“透明国际”以居住在被调查地区的普通公民为调研对象，致力于探索公共领域的腐败现象对社会公众造成的影响的一项关于廉洁感知的测量指数。GCB 向深受腐败影响的普通民众提供了一个传递信息、表达意愿的便利途径，突破了“透明国际”以往侧重于专家、学者及商界人士意见的倾向。

除此之外，国际上测评腐败程度的主观数据还包括世界银行的控制腐败指标体系以及来自全球竞争力报告、国际货币基金组织（IMF）和世界竞争力年鉴中的一些数据。

国内对廉洁感知方面的研究较多的是结合 CPI 对我国的评价做

一些后续分析或者是探索 CPI 结论的某些规律及其反映出的一些深层次问题。但是根据我国国情创立适合我国实际的主观测量指标体系还非常少。对于廉洁感知测量仅有李成言教授的《廉政工程：制度、政策与技术》一书较为全面地通过社会民众对政府廉政状况的感知测评体系、企业法人对政府廉政状况的感知测评体系、政府职能部门廉政状况自我认定指标体系、廉政立法部门廉政状况认定指标体系、监督部门考核评价廉政状况指标体系五个方面对我国腐败程度进行衡量。

综上所述，目前在廉洁感知问题的研究上，以公众为主要研究的对象，结合我国国情进行测量的研究还比较缺乏，尤其是对于廉洁感知到底由几个结构维度构成更是无人问津。而公众是我们政府提供服务的最大接收方，也是公共权力的真正所有者，他们的感知对于他们在政府满意度和政府信任等各方面均可能造成很大的影响。深刻地剖析公众对政府的廉洁感知，剖析廉洁感知的结构维度将对于我们在廉政问题的内涵界定和现状把握上有重大的推进作用。

二、满意度的研究

目前国外学术界已经展开了公共部门顾客满意度测评方面的研究。

早在 1936 年 Dimock 就提出，“顾客满意标准在政府运作过程中的运用应当与企业中的运用一样广泛……如果行政官员能够像企业管者那样始终关注最终结果，即顾客满意度，那么内部行政运作亟须改革以改善服务就不言自明了。”

Claes Fornell（2005）运用顾客满意度指数（ACSI）测量了美国联邦政府 23 个部门 1999—2005 年满意度的变化趋势及其原因，发现公众对公共部门服务的期望值大大低于私人部门，也低于政府实际服务质量指数，同时发现规制性部门公众满意度低于为公众提供利益的部门。

英国政府致力于提高政府行政质量，在政府顾客满意度理论上提出了自己的看法。并形成了自身的满意度测评体系，即 SERVQUAL（Service Quality），政府服务质量评估体系。这是英国政府在利用多种方法了解公众满意度后，总结出的最为行之有效的方法。此模型最大的特点是更加注重公众的“感觉”而不是公众的“预期”。

加拿大政府的社会学者更加关注公共管理领域而忽略了公众满意度的研究，其重点强调政府应用顾客满意度模型与企业应用的不同。以色列自 1999 年起就积极探索公共管理的评估方法，经过 5 年的总结与对比，现发展成为比较成熟的满意度和信任度评估模型。

国内的研究也大多是对 ACSI 模型在公共服务领域进行修正，针对各自的研究对象特性，主要从公众角度针对政府服务绩效进行评价。王佃利、刘保军（2012）对公民满意度与公共服务绩效相关性问题进行了再审视。张琪敏（2015）认为基于 ACSI 模型的政务微博公众满意度的研究具有一定的理论意义和现实意义。赵砚（2016）基于改进 ACSI 模型，对政府绩效公众满意度测评进行了研究。胡侦、王沙沙、李辉婕（2018）借鉴 ACSI 模型，结合我国农村地区精准扶贫实际情况，构建了地方政府精准扶贫政策公众满意度模型。

综上所述，国内外的研究都主要是集中在对 ASCI 模型进行修正的情况下，对公共服务中公众满意度的测量或者采用其他的实证方法对公共服务的满意度进行测量。而针对腐败问题的满意度的测量目前还极为少见，将 ACSI 模型引入到腐败问题中来，将对扩宽腐败问题的视野，遵从政府所提出的办人民满意的政府的理念都有重要的意义。

三、政府信任的研究

过去十年，伴随着公众对政府信任度的降低，政府和学界都开始对政府信任问题和信任危机颇为关注，并展开了全面的研究。

国外学者对于政府信任的研究多集中在对政府信任现状的调研、对政府信任危机形成的根源分析和政府信任重塑三个问题上展开研究。

在对政府信任现状的调查研究方面。哈佛大学教授 Nye, Jr.，Zelikow 和 King 等在 1997 年针对美国政府出现的信任危机撰写了著作《人民为什么不信任政府》。该书指出，美国目前最大的治理危机在于人民对政府的信任日益下滑，尤其是对于联邦政府的信任。学者 Susan J. Pharr，Robert D. Putnam 等合著的《信心下降的 25 年》指出美国人民、英国人民、瑞典人民和日本人民在过去的 25 年对政府的各种不信任的情况。

政府信任危机形成的根源分析方面的代表作是罗威的《自由主义的终结：意识形态、政策和公共权威的危机》。在该著作中他从政府层面和社会层面分析了政府信任产生危机的原因，并认为政府腐败的根本原因在于以集团利益来代表公共利益的政治哲学。

在政府信任重塑方面。美国政府于 1999 年委托“公民信任与人民责任”小组撰写了《一个值得信任和尊重的政府》一书，该书制定了美国政府信任建设的长远的政策规划，例如推行社会设计工程，发展公私伙伴关系。学者 Peter Levine 在其文章《若想民众信任政府，授权给他们》中认为给予民众机会来共同应对政府面临的各种深层次危机是重塑政府信任的重要途径。

国内的学者则更关注政府信任概念的认同、政府信任的理论研究和政府信任的应用研究三个方面。

在政府信任概念认同方面，有的学者直接运用西方学者的政府信任概念，如麻宝斌、马永强（2019）指出信任的一般含义是“对某人的期望的信心”。当信任的对象确指为政府机构及官员时，便被称为政府信任，是指“政府运作符合人们期望政府应当如何运作的规范信念”。有的学者是结合中国实际，提出体现中国国情的政府信任概念。如刘建平、周云（2017）认为政府信任是指民众在与政府组织的互动过程中形成的一种对政府组织能否承担公共责任、实现公共利益与目标的主观感知和判断，这种主观感知和判断影响民众对政府的情绪和民众对政府的行为反应。

在政府信任的理论研究方面。一种是从历史学的角度来探索政府信任问题，代表作是张康之的《在历史的坐标中看信任——信任的三种历史类型》。一种是从结构的维度来研究政府信任问题。如李砚忠认为政府信任取决于公众对政府的期望和对政府的认知两个维度。而学者韩兆柱、何雷（2016）则认为政府信任主要包含信任环境、社会资本、政府绩效三个维度。

在政府信任的应用研究方面。一些学者从政府信任和和谐社会构建的角度展开研究。胡荣、范丽娜、龚灿林（2018）认为政府信任不仅受到整个社会信任氛围的影响，更与民众对政府绩效的评价有关。一些学者从政府信任和服务型政府构建的角度进行探讨。张勤（2014）认为政府应转变管理模式，重塑政府信任，构建一个真正意义的阳光政府、回应型政府。还有一些学者从政府信任和政治现代化的角度进行研讨。张会芸（2017）指出社会信任与政府信任的强正相关在个体层面被证实，政府信任有利于推进社会主义政治文明的建设。

也有少量学者提出腐败是影响政府信任的最核心的因素，但是纵观国内外学者的研究，引入 ACSI 模型深入探讨廉政建设中哪些因素影响了政府信任的实证研究目前还非常匮乏，因此将政府信任放入到廉洁感知的模型中去，对于更好地研究腐败问题和更深刻地分析政府信任在腐败的哪些问题上产生了影响将大有裨益。

综合廉洁感知、满意度和政府信任的文献分析可知：

（1）廉洁感知到底由几个因子构成目前还未形成定论。以往的研究仅仅是用廉洁感知的指数去测量廉政，到底廉洁感知有几个维度构成的研究非常缺乏，而如果没有对廉洁感知通过定性和定量相结合的方式进行探析的话，我们在理论上对这一个重要变量的内涵和外延的确定都是缺乏的，这样的衡量就会缺乏理论基础。因此廉洁感知的维度分析将从理论上和实证测量方面丰富该领域的研究。

（2）廉洁预期、廉洁感知、满意度和政府信任的关系研究。虽然我们从定性的角度认定公众对廉洁的预期，公众对廉洁的感知，公众在廉政方面的满意度以及政府信任之间有联系，但是有什么样的联系，彼此的关系如何？在学界目前仅是对其中某两个或者三个关系进行考量，而将其作为一个系统，联合大众传媒和个人基本属性，全面进行分析的还不多，因此，构建一个更为丰富和全面的廉洁问题模型，将对丰富廉政问题的研究，切实科学地解决腐败问题有所推动。

（3）大众传媒和个人属性的不同，将如何影响公众在廉洁问题上的感知以及其满意度和对政府的信任，这一问题被学者们关注，但是通过实证调研进行分析探讨，并在全国范围展开调研进行论证的，目前还比较缺乏，因此考虑这两个因素的作用也将更加丰富廉洁问题的影响因子。

第二节 研究的目的与意义

一、研究的目的及内容

本研究旨在将 ACSI 模型引入到廉政问题中来，结合其最关键的因素——廉洁预期、廉洁感知、满意度和政府信任四个方面的维度，充分考虑媒体和个人属性的影响，运用管理学、政治学、社会学和行政学等多学科的知识，构建一个更为科学的廉洁问题模型。在严谨的定性与定量分析的基础之上检验各变量的相互关系和作用，为廉洁问题的理论研究和实务操作提供更坚实的理论基础和更广泛的解释能力。

为此，本书主要围绕以下几个问题展开研究：

（1）对廉洁感知的内涵结构进行探索并验证，建立其结构维度模型，并对其影响因素进行分析。

（2）探索廉洁预期、廉洁感知、满意度和政府信任四者之间的影响关系，将全面解析廉洁预期与满意度的关系、廉洁感知与满意度之间的关系、廉洁预期与政府信任的关系、廉洁感知与政府信任的关系。

（3）满意度的作用机制研究。将对满意度在整个廉洁问题模型中到底起到中介作用还是干扰作用，如果是中介作用是部分中介还是完全中介进行深入的剖析和研究。

（4）大众媒体和个人基本属性在廉洁问题中的作用。研究不同的传媒对廉洁感知有何影响；不同的传媒表达方式对廉洁感知有何影响，探寻最合适的媒体表达方式；个人基本属性的不同对廉洁感知有何不同；如何通过个人属性的不同有针对性改善其廉洁感知，提升其满意度和对政府的信任感。

综上，本研究将引入ACSI模型进入到廉洁问题研究中，构建廉洁预期、廉洁感知、满意度和政府信任四个因素为主的基本模型，同时考虑大众传媒以及个人基本属性等因素，构建成一个完整的廉洁问题的模型，充分探求各变量之间的关系。

二、研究的意义

从理论上看，研究在以下方面有促进作用：（1）有助于厘清廉洁问题的关键变量的关系，寻找反腐的核心问题和切入点；（2）通过实证研究，将有助于摸清和把握我国公众对廉洁问题满意度和政府信任的现状及其存在的问题；（3）通过廉洁的关键因素的探析，将提升公众满意度，为增强公众对政府的信任感提供科学依据。

从实务上看，本研究以检察机关、政府单位和普通公众作为目标研究群体，将引入ACSI模型到腐败问题研究中，构建廉洁预期、廉洁感知、满意度和政府信任四个因素为主的基本模型，同时考虑大众传媒以及个人基本属性等因素，构建一个更科学的廉洁模型。将拓宽廉政问题研究的思路，对于如何提升公众满意度，政府如何通过媒体正面地影响公众，提升政府的信任度和推进政策实施都有一定的参考意义。

第四节 研究方法与技术路线

一、研究方法

本书是关于廉洁预期、廉洁感知、公众满意度和政府信任的综合研究，主要将综合运用管理学、社会学、政治学和行政学等多个领域的理论与方法，采用分析和归纳相结合，定性分析与定量分析相结合的方法进行研究。

本研究将涉及和运用的研究方法主要有：文献研究法、定性实证分析法和定量实证分析法等。本人对以上研究方法基本掌握，且拥有相关软件（SPSS 11.5 软件、R 软件、OpenStat 3 软件和 LISREL 8.54 软件）并能运用。

（一）本书的第一部分，以文献研究法和比较分析等规范研究为主

提出论题；界定廉洁预期、廉洁感知、公众满意度和政府信任的概念特征；提出本文研究的目标、意义；将国内外廉洁问题的内容、结构实证研究进行比较分析，通过对国内外廉洁问题的内容、结构实证研究变量进行梳理，选取适合本研究的内容、结构实证研究的主要变量，建立廉洁预期、廉洁感知、公众满意度和政府信任的内容、结构研究的基本（fundamental）变量模型。

（二）本书的第二部分主要通过问卷调查法展开实证调研和分析

其主要方法和步骤主要有：

（1）问题的提出。

（2）研究范围界定：本研究将在全国采取数据，以尽可能保证

样本的代表性。

（3）研究框架及研究假设的提出。

（4）问卷设计。

第一，根据文献探讨内容，编制问卷大纲。

第二，根据问卷大纲，详细设计研究题目，完成问卷初稿。

第三，问卷初稿确定后，请专家针对问卷初稿内容给予指正，并根据专家意见修正问卷初稿。

第四，进行预测试。共发放70份问卷进行预测试，小样本预调研，主要目的在于测度相关测量项目的信度、效度，发现问卷中的问题，加以修正与调整，并在此基础上形成本次的正式调查问卷。

第五，根据预测试的结果，修正问卷初稿，确定正式问卷。主要目的是利用正式问卷来测度有关理论假设的正确性，并在数据处理的基础上进行相关理论分析，包括分析假设成立或者不成立的理论实践意义。

（5）判断抽样，发放问卷，收集数据。

就社会科学问卷的调查方式而言，本研究以判断抽样法（Judgement Sampling）进行样本抽样。判断抽样法属于非概率抽样法的一种，其意义是在选择样本的元素时，没有任何的抽样框架，只要研究者认为适当即可。此法虽并非随机的抽样方式，但较适合初期或探索性的研究，有助于对问题的了解；另外，判断抽样法在样本不大时，其抽样结果的正确性常优于随机抽样（林进田，1993）。本研究根据样本总体中性别的比例，年龄的比例，受教育程度的比例及职业构成的比例，分层分群地抽取样本，以使得样本的抽取更贴近于样本总体的构成，从而在对反腐问题进行探索性阶段的研究时，使其更具科学性，更具现实意义。

（6）数据分析，验证假设。

依据研究假设及统计检定方法，主要运用 SPSS 11.5 软件、LISREL 8.54 软件和 R 软件，本研究预计采用的统计方法有描述性分析、T 检定、卡方检定（Chi - square Test）、相关分析（Correlation Analysis）、ANOVA 分析、探索性因子分析和 CFA 验证性因子分析。

（7）研究结果的讨论。

（8）结论、研究的不足和进一步研究的方向。

二、技术路线

文章的技术路线如图 1－1 所示。

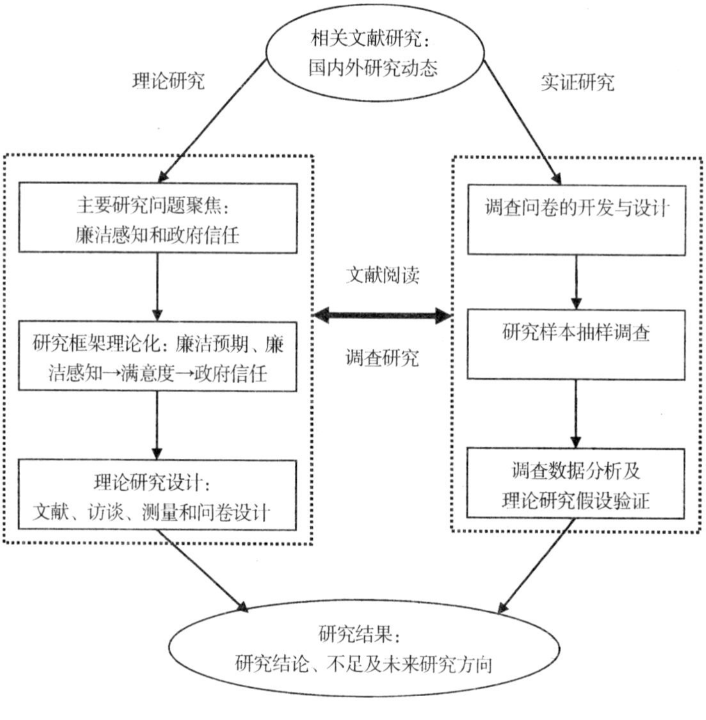

图 1－1　本研究的技术路线图

第二章

基本理论和关键变量概述

本章将对全书的核心概念和关键变量即廉洁预期、廉洁感知、满意度、政府信任这四个关键变量的内涵界定和维度测量进行文献综述，并对全书的理论基础和框架构建基础进行阐述，为下一步全文的框架构建和研究假设的提出提供理论和文献的支持。

第一节　廉洁问题的研究

廉洁和腐败作为一对反义词，在廉政问题的研究中一直都是紧密相连的，要弄清楚什么是廉洁，首先要界定清楚什么算是腐败。腐败问题是政府和公众关心的核心话题，涉及社会的公正和经济发展等重大方面，甚至关系着一个党和政府的生死存亡，历来被广泛关注，关于腐败问题的研究和讨论也一直非常丰富。

一、廉洁的内涵

要对廉洁问题进行深入研究，首先我们要对廉洁进行界定，国内外对于廉洁的界定并没有形成统一意见，不同学者有不同观点。

据《辞海》释义，“廉洁”即清廉、清白。廉洁就是社会个体保持自身清白正直，以守真与守正来拒斥各种诱惑，防止为外在环境所驱使、玷污和变质。廉洁的本义是指行动主体一方面坚持“公利”，能够节制私欲去除私利考量，行为唯义所遵、不贪不占，自觉维护他人和公共利益，绝不利用手中的权力损公肥私、损人利己；另一方面，坚守“公正”，行为正当合理，所遵循的原则前后一致，诚信守诺、不偏不颇，平等对待所有人。“私”与“偏”是廉洁的两大威胁。

黄苇町（1998）认为，干部清正，是老百姓最看中的干部品质。政府清廉，就是要建立廉洁、透明、服务的政府，这是保证公共权力廉洁规范运行的根本。政治清明，就是不和百姓争利。这是党全面发展民主政治，实现有序政治参与和依法治国，建设社会主义政治文明的要求。

张增田（2008）认为，廉洁的内涵可概括为五个义项：

一是公利至上。此义项内涵十分丰富，行为主体要消除私欲，正确行使手中的公共权力，树立公仆意识，首先考虑和维护公共利益，一心为公克己奉公，不以权谋私假公济私、脱离群众搞特殊化，同时要积极回应公众的需求，尽心尽职，避免官僚作风。

二是公平正直。行为合乎公正原则，秉公执法，去偏抑私，诚信守诺，前后一致，不受利益左右区别对待。

三是公开透明。行使权力履行职责的过程不遮不隐，杜绝暗箱操作，主动接受各种监督主体的监督。

四是遵守法纪。自觉维护法律权威，严格按照国家法律和组织规章规范自己的行为，不做贪赃枉法的事。

五是拥有政治修养。表现为具有崇高的政治理想、坚定的政治信念和可靠的政治鉴别能力，善于把握政治方向和政治立场，摆脱低级趣味，志存高远，具备较强的抗腐蚀能力。

庄德水（2013）认为，廉洁在本义上包含了清正、清廉、清明的表述。干部清正、政府清廉、政治清明是廉洁政治的基本要素，三者缺一不可。

刘中、路高峰（2013）认为廉洁政治的内涵十分丰富，不仅有政党和公职人员不贪污、不腐化的意思，还包括政治制度设计的廉洁、政权架构的廉洁，以及社会文化环境的廉洁等。

陈兰芝（2016）认为，廉洁政治关乎“廉洁操守”“廉洁奉公”“清正廉洁”“干部清正”“政府清廉”“政治清明”“廉洁政府”“廉洁从政”“以透明保廉洁”“为民务实清廉”。

总体来说，本研究所指的廉洁，仅限于对政府机构的廉洁的考察，即廉洁政府的意思，学者们大多认为廉洁政府应该包括干部清正、政府清廉、政治清明三个方面的内容。

二、腐败的内涵

廉洁的反面是腐败，要对廉洁问题进行深入剖析，也需要明确什么是腐败。由于腐败问题的复杂性，尽管国内外学者对此研究颇丰，却对腐败的界定一直都存在争议。

国外的学者分别从以公共权力为中心、以公共利益为中心、以市场为中心这个三个角度来对腐败进行定义。

以公共权力为中心来界定腐败。代表人物是世界银行行长詹姆斯·沃尔芬森（1996），他在《帮助各国同腐败作斗争：世界银行的作用》的研究报告对腐败进行了界定，认为“腐败是为谋取私利而对公共职位的滥用。”另外一个代表人物是美国政治学家约瑟夫·

尼尔，尼尔认为："腐败是为私人、家庭成员或私人小圈子获取金钱、身份而背离公共角色的规范职责的行为，或违反那些旨在防止滥用私人影响以谋取私利的规则的行为。腐败包括贿赂（以物质腐蚀某一职位占有者以影响他的判断）、裙带关系（基于私人关系而不是按照人的品德提供庇护）和盗用（为个人目的非法盗用或侵占公共资源）。"国际货币组织界定腐败为："腐败是滥用公共权力以谋取私人利益。""透明国际"将腐败定义为"公共部门中官员的行为，不论是从事政治事务的官员，还是从事行政管理的公务员，他们通过错误地使用公众委托给他们的权力，使他们自己或亲近于他们的人不正当地和非法地富裕起来"。

以公共利益为中心界定腐败。代表人物是卡尔·弗里德里希，他说："当主管某些事务的权力掌握者、责任重大的官员或行政职位占有者，为非法提供的金钱或其他报酬所引诱，采取偏袒这些金钱、报酬的提供者的行动，因而确实损害公众和公众利益者，即为腐败。"

以市场为中心来界定腐败。代表人物是纳塞尼尔·莱夫。他提出："腐败是某些个人或集团为影响官僚的行动而使用的一种法外制度。腐败的这一本质仅仅表明，这些集团较之其他情况下在更大的范围内参与了决策过程。"

国内的学者根据我国现阶段腐败的特点，结合我国国情也纷纷对腐败进行了界定。

王沪宁（1990）给腐败下的定义是："公共权力的非公共运用。"

刘明波（1994）认为："腐败就是政治权利从原本纯洁状态中发生蜕变成为政府官员非法或者非道德谋取个人好处的工具。"

田心铭（1995）认为：腐败是"为谋取私利而侵犯公众利益，

腐蚀、破坏某种现存社会关系的行为”。

张曙光（1994）将腐败定义为：“在社会生活中，所谓腐败就是以权谋私。或者说通过损害他人和社会公共利益而牟取私利。”

何增科（1995）界定腐败为：“公职人员出于私人目的而滥用公共权力和公共资源的行为。”

杨春洗（1999）认为：“腐败是指执政党组织和国家机关及其工作人员，包括受其委托从事公务的组织和人员，为满足私欲、谋取私利或局部利益而实施的严重违背纪律和法律，侵犯人民利益并造成恶劣政治影响的蜕化变质行为。”

于风政（2003）认为：“腐败是国家机关和国有企业的公职人员与他人合谋，违反法律和社会公认的行为规范，滥用公共权力和公共资源，为私人和私人小圈子谋取私利或为某一单位、某一行业谋取特殊利益而损害公共利益及其他公民个人利益的行为。”

王丛虎（2014）认为我国的腐败包含腐败预期和腐败感知，应给予正确引导，并加大腐败惩治的力度，以增强政府的公信度，提升政府的公信力。

李辉（2017）将腐败的定义缩小到两个最为常见的基本类型上——贪污和受贿。

王立华、高芳蕊（2019）认为腐败是指政府官员利用手中的权力不惜违反规则和制度以谋取个人利益的行为。

综合上述国内外学者的观点，有两方面的共识：第一，腐败是利用公共权力谋取私利的行为；第二，腐败是侵犯公共利益的行为。本研究结合研究对象，将腐败的讨论仅仅局限于政府腐败这一个方面，指政府工作人员利用公共权力谋求私人利益，并侵犯了公共利益的行为。

学者们对于腐败的类型也进行了归纳整理，以方便后来研究者进行分析，受到大多数人认同的是何增科（2002）的分类方法，如表2－1所示。

表2－1 中国腐败类型的划分

划分依据	具体分类		
腐败行为主体的性质和数量	个体腐败		群体腐败
腐败交易双方得利情况	互惠型腐败		勒索型腐败
腐败行为主体的层级分布	基层腐败	中层腐败	高层腐败
腐败行为的多发领域或部门	社会领域	经济领域	政治和行政领域
腐败行为的动机	因公型腐败	徇私型腐败	逐利型腐败
腐败行为的制度性成因	传统型腐败	过渡型腐败	现代型腐败
腐败行为后果	轻微腐败	一般腐败	腐败犯罪
公众对腐败行为的宽容程度	白色腐败	灰色腐败	黑色腐败

本研究的主要调研群体为公众，结合公众对腐败的感知，我们根据腐败的实际表现形式，将腐败划分为如表2－2所示：

表2－2 中国腐败的表现形式

拜金型	享受型	徇私型	贪色型	其他
思想颓废，崇尚金钱	用公款讲排场，摆阔气，铺张浪费	在招工、招干、升学、分配、提职、提级、农转非、出国等问题上为自己或亲友谋取私利	道德败坏，乱搞两性关系	在对内对外经济活动中，玩忽职守或瞎指挥、乱拍板，造成重大经济损失

续表

拜金型	享受型	徇私型	贪色型	其他
权钱交易	公款旅游、住高档酒店	用公物公款请客送礼，为自己谋取私利	包养情妇、二奶	思想僵化，反对改革
敲诈勒索，索贿受贿	追求坐豪车、住豪宅、穿名牌、吃山珍海味、喝高档酒	以权经商，为子女、亲友经商提供便利，从中牟利	嫖娼	限制民主、打击报复、诬告陷害
买官卖官	经常出入各种高档娱乐场所	选拔干部任人唯亲，拉帮结派，结党营私	权色交易	弄虚作假，搞浮夸，骗取荣誉
乱收费、乱集资、乱摊派	婚丧嫁娶大操大办	利用婚丧嫁娶等大肆收受礼品礼金		歌功颂德，媚上欺下
吃喝嫖赌奢		利用权力赌博敛财		闭目塞听，打压民意
设置小金库，为个人或小团体谋利益				办事拖拉、推诿、扯皮
				工于心计，嫉贤妒能

资料来源：本研究整理

三、相关理论

本节将从廉洁的理论基础，研究者为什么从公众视角研究廉洁的理论基础，以及模型构建的理论基础三个方面阐述其理论基石。

（一）廉洁的理论基础

1. 寻租腐败论

寻租腐败论是公共选择的经典理论，它是从自由主义视角研究腐败的。公共选择理论认为，政府干预市场，会带来以租金形式出现的经济利益。美国经济学家缪勒认为，寻租是管制力量对经济进行干预而进行的活动，是“用较小的贿赂成本获得较高的收益或超额利润”。因此，公共选择学派提出，应消除寻租与腐败滋生的土壤与条件，取消或者放松政府管制，实行市场化改革。寻租理论最早在中国提出是1988年，以吴敬琏为代表人物。

2. 权力制衡理论

权力制衡理论也就是西方国家的立法、行政和司法三种权力各自独立又相互制约和均衡的理论。西方的权力制衡思想始于古希腊时期，柏拉图和他的学生亚里士多德的著作中就体现了权力制衡的思想。这种理论的核心内容是为防止权力的腐败或滥用，必须对权力进行合理分割并建立相互制衡和监督的关系。权力制衡理论是当代西方资本主义国家建立监督体系的前提和依据，是形成资本主义国家行政监察总体框架的基础。

列宁也提出过权力制衡思想。早在十月革命前，列宁就从有条件的“立行合一”制的角度考虑未来社会的国家制度和政体形式。该理论强调在权力制衡的条件下，任何一个国家机关都不具有凌驾于其他机关之上的特殊权力，每个国家机关都有制约其他机关的权力，也存在其他国家机关和权力足以制约其权力的行使，从而达到有效制约权力运用的目的。

3. 道德教育理论

道德教育理论是与资产阶级的人性论、政治原罪论相对应的一种价值观。提倡对公职人员进行道德教育是行政监察和廉政的根本良方。在某些西方学者来看，文化可以使人格深深地改变，可以使人放弃私利，道德教育可以使政府官员建立一种自我约束的道德规范。其重要意义在于：国家的自保不能仅由其物质财富得到保障，也不能单靠维持一定的宪制法律来实现。若没有道德作为后盾，国家的强盛反倒成了国家的内患。教育净化理论的真谛在于形成一种真正的约束力和意志力。

4. 现代腐败理论

这一理论主要是由美国学者亨廷顿提出来的，主要论点是：腐败在社会不同时期有高低之分，其程度可能与迅速的社会经济现代化有着密切的关系。该理论对腐败持宽容的态度，认为只要促进了现代化的实现，不阻碍新的政治发展，腐败是可以容忍的。这一理论将腐败问题放置到整个现代化进程中加以考虑，对于研究现代化进程中的腐败与廉政有一定的启发作用。

（二）公众视角的理论基础

1. 公民参与理论

以佩特曼、托夫勒、奈斯比特等为代表的政治学者在批判代议制民主的基础上提出了公民参与理论。他们主张应该让所有的公民参与到国家和社会各项事务的管理过程中来，让公民根据个人的需要做出决断，只有这样才能保证公民个人的自由和权利得到充分的表达与实现。公民参与理论强调参与的教育功能和培养公共精神功能，主张个人与他们所处的制度密切相连，民主政体必然要求一个参与社会，强调人人参与，坚信人人平等。尽管要实行直接民主还缺乏现实条件，但是不断扩大公民直接参与的范围和权利，是民主的发展方向。

2. 善治理论

20 世纪 90 年代以来，“善治”成为各国构建新的政治理论和行政管理模式的现实选择。“善治”就是使社会公共利益最大化的过程，是社会治理方式的最优选择，也是对传统的国家与社会关系的一种纠偏。善治的本质就是要实现政府与公民对社会公共事务的“合作”管理的最佳状态。“善治”有以下几个要素：一是合法性，就是人民发自内心地对社会秩序和权威的自觉认同和服从；二是透明性，就是政府将政策信息公开化，便于公民充分掌握政策信息从而有效地参与政策过程及监督政府行为；三是回应性，它要求政府及工作人员必须对公民的要求做出及时和负责任的反应；四是法治，指任何公民和官员都必须依法办事，在法律面前人人平等。此外，责任性、有效性、稳定性等也是善治必不可少的组成要素，这些要素实现程度越高，善治就越有可能。

3. 人民主权理论

卢梭认为，主权是公意的具体表现，主权是不能分割、不能转让的。人民是国家最高权力的来源，人民订立契约建立国家，政府只是人民的代理人。在近代实行民主宪政的国家中，人民主权的价值已经全面地体现在各国的宪政框架中，如在《中华人民共和国宪法》第一章就明确规定：“中华人民共和国的一切权力属于人民。”“人民依照法律规定，通过各种途径和形式，管理国家事务，管理经济和文化事业，管理社会事务。”可见，在我国社会主义制度下人民主权就是人民民主含义的直接表达，人民主权直接体现为人民当家作主。因此，人民主权论是公民参与的最为直接而又最为重要的理论根源。

（三）模型构建的理论基础

目前有代表性的顾客满意理论模型为 Fornell（1992）等提出的 ACSI 理论模型（如图 2－1）。

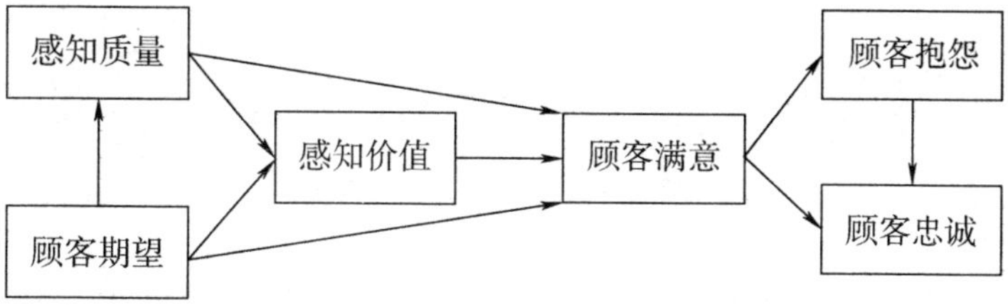

图 2－1 ACSI 理论模型

美国顾客满意度指数（American Customer Satisfaction Index，ACSI）是一个测量顾客满意程度的经济指标，是顾客对企业提供的产品和服务质量的评价测度，这些产品和服务质量是在美国本土购买的，由美国国内企业提供或者在美国市场上占有相当份额的国外企业提供的。在美国，ACSI 已成为衡量国民经济运行质量和趋势的一项新型的社会性指标，每季度公布一次。

而后，由于新公共管理理论的引入，公共管理领域开始引入 ACSI 模型进行大量的关于服务质量方面的研究，国内外学者根据 ACSI 模型和自己所研讨的课题的特点，进行了模型修正。

Van Ryzin，Muzzio，Immerwahr（2004）曾对 ACSI 模型进行修正，去掉顾客抱怨和顾客忠诚，增加离开（纽约）和信任政府两个变量（如图 2－2），然后应用到纽约市，从学校、警察、消防、图书馆、公园、道路、公交车、地铁和垃圾清理等 9 个方面来调查公众满意度。

盛明科、刘贵忠（2006）等人提出了中国政府服务的公众满

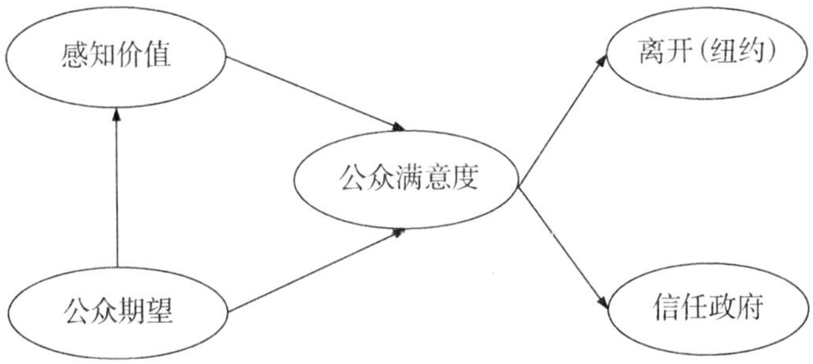

图 2-2　ASCI 修正模型

意度测评模型（CPSI），如图 2-3 所示，将优质服务、高效服务、低廉服务作为“公众期望（结构变量）”的观测变量，将科教服务绩效、文卫服务绩效、社保服务绩效作为“服务质量”的观测变量。

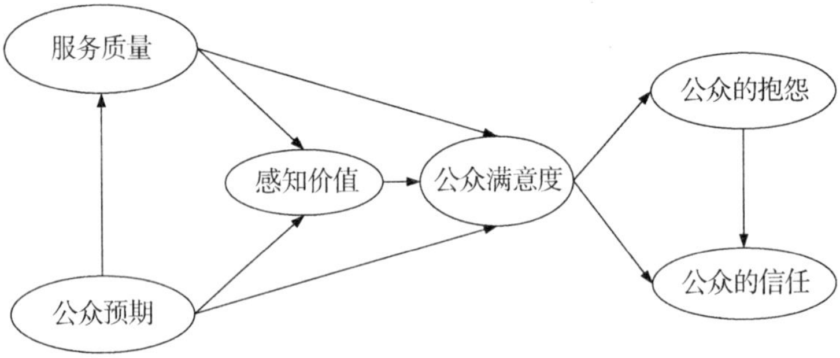

图 2-3　中国政府服务的公众满意度测评模型

刘武、杨雪（2006）认为应依据我国的具体国情建立符合我国实际情况的政府公共服务顾客满意度模型。由于公共部门服务也受价格与成本及财政支出的影响，所以保留了感知价值这个结构变量。基于我国具体国情的考虑（政府部门的垄断性），去掉了顾客忠诚变量，用顾客信任来代替顾客忠诚。他们建立的我国政府公共服务顾客满意度模型如图 2 - 4 所示。

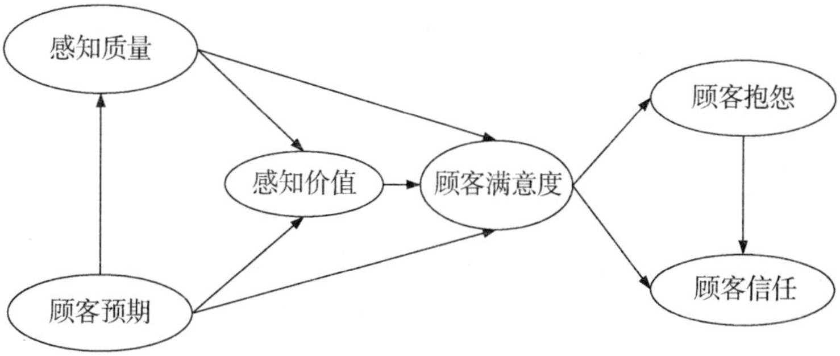

图 2 - 4 我国政府公共服务顾客满意度模型

吴建南、张萌、黄加伟（2007）在美国 ACSI 模型基础上，结合公众预期和公众信息两个变量，提出了一个公众满意度测评模型，如图 2 - 5 所示。

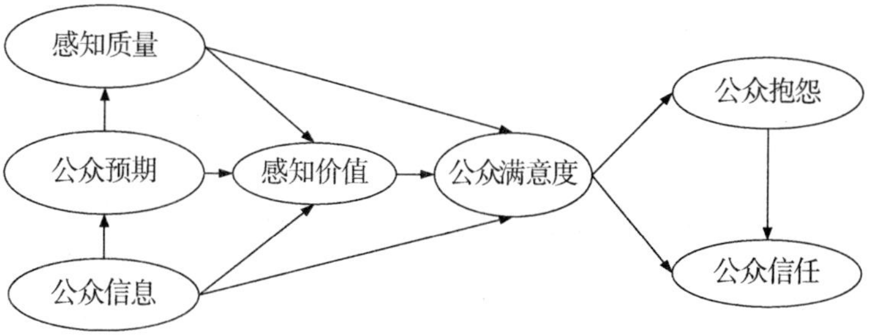

图 2 - 5 公众满意度测评模型

朱国玮（2007）对政府机关服务品质、效率、公共责任和公众满意度等方面加以分析与评价时，曾对 ACSI 模型进行修正，形成了 PSCSI 模型，如图 2 - 6 所示。

以上这些模型都是根据 ACSI 模型，结合公共服务型政府的理论，考虑政府和企业在作为服务职能上的完全一致性，将其引入到

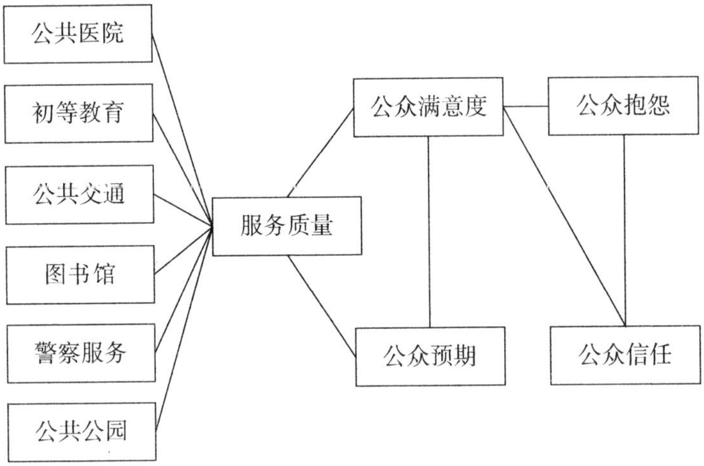

图2-6 PSCSI模型

公共管理领域，并多次证明该模型的可靠性，这为本文引入ACSI模型进入到腐败领域中提供了理论支持，因为腐败问题就是公共领域中的核心问题。

第二节 廉洁预期的研究

乌林（1998）认为满意是人的一种感觉状况水平，是在比较人的期望与现实状况后的感觉。因此要考察公众对廉政的满意度就必须首先考虑公众对廉洁的预期和实际感知两个重要因素。公众对廉洁的预期，一方面体现了公众对政府廉洁问题的期望，另一方面也体现了公众对政府腐败问题的容忍度。公众对廉洁的预期既是形成满意度的一个基础，也是一个重要变量。

一、廉洁预期的界定

廉洁预期实际上是将ACSI中顾客预期引入廉洁中，形成了廉洁预期这个变量。在经济管理领域，大多数学者研究的该变量是顾客期望或者顾客预期等概念，而在公共管理领域很多学者使用的是公众期望或者公众预期。弄清楚这两个概念，有利于我们准确把握廉洁预期的概念。

期望是指一个人根据以往的经验在一定时间里希望达到目标或满足需要的一种心理活动。期望概念是各种服务质量模型和度量方法中使用频率最高的一个指标，因此对服务期望做出科学界定成为研究服务质量和管理问题的基础。

对于顾客预期，学者们在企业管理和经济学领域对其做了很多经典界定。瑞典顾客满意度指数模型中将顾客预期定义为顾客在购买某一产品或服务之前对其质量的主观意愿。ACSI模型中将顾客期望界定为顾客在购买前对某种产品或服务质量的预期。其中包括的观测变量有产品和服务适应顾客个人需求程度的顾客化预期，产品出现故障可能的可靠性预期，以及对产品或服务质量的整体预期（Forehlieh&Weleh，1996）。

对于公众预期，学者们大多认为是公众对于政府的公共事务和提供服务的期望。并认为公众期望来源于三个方面：首先来源于公众对政府服务的消费经历，没有对政府服务的亲身感受，就很难形成合理期望，由此可见，对政府服务的感性体验，是公众期望形成的最直接的依据。其次，公众期望来源于公众的需求，公众的需求是公众期望产生的内在动力，随着公众文化水平和生活水平的提高，民主意识的加强、自主意识和自我意识的觉醒，需求层次在不断提高，对政府服务的期望也在相应地提高。再次，公众期望来源于政府公布的服务信息，政府公布的服务信息是公众期望形成现实依据。

公众对廉洁的预期很显然属于公众预期中的一种，本文将其引入到廉洁问题这个具体的领域中来，将其界定为公众在接受政府提供服务或进行公共事务活动前对政府在该项服务或者活动中廉洁情况的主观期望。它表现了公众对廉洁问题的一种预期，也体现了公众对腐败问题的容忍度，也是公众对政府在廉洁问题上的一种要求。

二、廉洁预期的内容和维度

对于预期所包含的内容和维度，如同我们了解廉洁预期的定义一般，这个概念和变量本身就是引入 ACSI 模型而来，因此我们可以从顾客预期和公众预期等内容和维度中寻觅到廉洁预期的内容和维度，因为目前在廉洁问题上还没有发现有学者将该模型引入，所以也几乎看不到对廉洁预期相关内容和维度的界定。

对于顾客预期，有学者将其界定为两个维度：观测变量有产品和服务适应顾客个人需求程度的顾客化预期，即对产品的预期和对服务的预期（Forehlieh&Weleh，1996）。但是被广大学者所普遍认同的是 ACSI 的三因素说，即顾客对产品和服务的总体期望；顾客对产品或服务满足需求程度的期望；顾客对产品或服务质量可靠性的期望。

对于公众预期，孙婷婷、梁昌勇、朱龙、徐枞巍（2016）认为公众期望代表公众对公共服务和基础设施的需求，即希望政府在哪些领域有所作为，进行什么作为。

而大多数研究者都是依据其公众感知的内容来予以界定，也就是说要考察公众实际感知包括哪几个方面，就从这几个方面来考量公众的预期。

因此本书也延用大多数学者的做法，也就是让廉洁感知的内容和廉洁预期的内容保持完全一致，本文在接下来的廉洁感知部分将对其内容做更详细界定，而廉洁预期的内容和其保持完全的一致。只有预期和感知都是对同一个内容，才可能说预期高于感知，使得其非常满意，或者说预期明显低于感知，使得其不满意，才符合模型的核心要义，所以让廉洁预期的内容和维度与感知保持一致也是模型本身所提出的客观要求。

第三节　廉洁感知的研究

学术界通常用客观评价法和主观评价法两种方法来测评一个国家或地区的腐败程度。客观测评法主要通过腐败造成的经济损失、腐败案的司法起诉数量等“硬数据”指标来测评腐败的程度，反映廉洁的情况，该方法的优点是数据确凿、方法直观，且有着较为稳定的来源。但近年来，学术界更多地表达了对廉洁测评客观方法的质疑。因为廉洁的内涵比较复杂，不同的学者对廉洁的定义完全不一样，而某一个客观指标反映廉洁的程度只能代表赞同该廉洁概念的那一类人的意见，难免有失偏颇。另外，廉洁活动本身不是完全公开的行为，客观指标在测度上也有一定的困难，比如腐败案的司法起诉数量仅仅只能反映一国司法体系健全的程度，无法反映一国腐败水平，从这个角度说，我们不能武断地用客观指标来测评腐败程度的高低。在客观测评方法受到越来越多质疑的时候，研究者们纷纷把目光投向廉洁的主观测评方法。主观测评法是一种对人们主观意见的测量，它可以全面地反映人们对社会廉洁程度的感知、态度、评价等信息，能较好地弥补廉洁测评客观指标的一些不足。廉洁感知就是主观测评中最为核心的变量和概念。

一、廉洁感知的界定

一是“透明国际”的廉洁感知指数（Corruption Perception Index，CPI）是最有影响力的廉洁感知指数。CPI 的数据来源于世界上最具权威性的专业调查机构的民意测评和调查报告，它以企业界、风险分析家、一般民众为调查对象，据其经验对各国贪污腐败的情况进行由 10 至 0 的评分，得分越高，表示腐败程度越低。调查的主要内容是：在公共领域的不正当行为（如行贿或腐败）；腐败的程度；在公共和私有商业活动中腐败涉及的范围和数量；估计由腐败所造成的损失；各级政府索要特殊和非法报偿的可能性；滥用公共权力谋取私利的程度；政治家、官员、警察和法官腐败的案例；与进出口许可证、商业营业执照、税款后数额等相联系的非正常额外支出频率，等等。清廉指数被称为“民意中的民意”，因为它是综合了许多关于腐败的调查报告的结果。由于该项指数涉及的国家（地区）样本数量较多，应用也比较广泛，清廉指数的覆盖面从 1995 年的 41 个国家扩大到目前 145 个国家。Cupatetal 和 Lambsdorff 等的研究表明，CPI 的各项指标与腐败的其他测量方法高度相关。正是由于可信性、连续性和稳定性，CPI 自创建起就被各国政府、学者和跨国公司广泛使用和借鉴，成为当今使用最广泛的腐败衡量指标。

二是“透明国际”的第二代指数——行贿指数（BPI）。BPI 反映的是各国企业在国外行贿的意愿。它主要反映企业的廉洁感知情况。自 1999 年开始，TI 开始力求描述腐败的供给方，即从事商业活动的企业本身的行贿倾向，于是产生了行贿指数 BPI。BPI 的数据主要来源于对跨国企业、会计事务所、商会、商业银行、法律事务所等的高级主管人员进行的访谈，以获得企业在国外从事商业活动时贿赂该国官员的主观意愿。BPI 与 CPI 一样，取值范围是 0 ~ 10 分，分数越高，代表各国企业在海外行贿的可能性越小。在调查方法上，它相对于清廉指数是一种进步，内容更直观，在一定程度上避免了主观认知与客观事实的差异，但依然无法解决文化差异问题。正如“透明国际”一贯承认的那样，清廉指数和贿赂指数都是基于主观印象的，并不当然是客观现实，它的价值在于它反映了国际工商界人士的看法，而他们的投资决定可以影响一个国家的经济。对一个国家腐败的感觉程度越高，外国投资者在这个国家就越会转向那些周期短、回报高的行业。

三是世界银行的腐败控制指标。为了衡量各国的治理水平，世界银行建立了一套指标体系，用六个指标来衡量治理：发言权和责任、政治稳定和暴乱、政府的效率、制度负担、法治以及腐败控制等。与“透明国际”清廉指数不同，世界银行的指标包含了治理的六个方面，而腐败控制指标只是其中一个。世界银行的腐败控制指标将腐败放在了一个更高层次的框架——治理之中，这是腐败问题测度的进一步扩展。对于每一个评价指标，世界银行都进行了标准化处理，并给出了数据的置信区间。数据的收集工作主要集中于一系列衡量了不同国家治理水平的主观感觉方面的指标。数据主要来源于专家的投票和一些国际组织和非政府组织所做的跨国调查。世行的《1997 年世界发展报告：变革世界中的政府》首次列举了与腐败控制指数有关的四个因素，它们分别是政策扭曲指数、司法可预见性指数、公务员工资占制造业工人工资的比率指标、基于个人才干的招聘指数。腐败控制指数对世行项目具有重要的参考价值。

四是全球竞争力报告（GCR）指标。世界经济论坛的全球竞争力报告 GCR 指标又称贿赂和回扣指数，与透明国际组织的 CPI 指数不同的是，调查对象主要是自 1996 年后每年参加世界经济论坛的全球著名公司的董事长（CEO），具体涉及 58 个美欧国家的 2381 个大公司的高级专家和顾问。调查的主要指标及内容集中在以下几个方面：出口和进口许可、商业许可、交易控制、税收评估、警方保护或贷款申请相联系的额外支付等等。GCR 指标是被调查国家所有接受调查者评价的平均水平，用数字 1 ~ 7 来评价腐败的程度。

五是商业国际组织（BI）指标。BI 指标是基于《商业国际》杂志所组织的一些专家和顾问调查的结果（通常是一个国家一位专家），调查统计主要以 1980—1983 年的总计 67 个国家数据为依据，补充和完善腐败的主观评价指标。该指标表明的是商业贸易中涉及腐败或受到怀疑的支付的发生程度，即根据商业交易中腐败发生的频率将这些国家从 1 ~ 10 进行排列，数字越大腐败程度就越低。

六是世界竞争力年鉴（WCY）指标。从 1996 年开始，瑞士洛桑国际管理发展学院每年公布一份《世界竞争力年鉴》，对各国国际竞争力做出评价。其中有三项指标涉及腐败问题，分别是非法支付、司法腐败以及贿赂和回扣。

这些国际知名的廉洁感知指数，针对其不同的研究人群，选择不同的研究变量来进行廉洁程度的衡量。总体来说，廉洁感知指数用以综合衡量国家或地区的政府部门在民众心中的廉洁程度，一方面它可以体现民众对本地整体廉政状况的满意程度及对本地政风的主观感受；另一方面，也可以了解社会公众对于各政府部门及公共服务部门廉洁状况的认可程度。

尽管国际通行的廉洁感知指数受到非常大的认可，然而我国有我国特殊的国情，直接照搬国家的指数来进行衡量，显然会存在较大的偏差，而对民意的反应也不尽全面，因此在确定廉洁感知的内容和维度的时候必须紧密结合我国的国情，要能够真实地反映民众对廉洁的感知，这样才能够真实地体现民众对廉洁情况的主观感受。因此，本文的廉洁感知是指民众对一国或一地区廉洁情况的真实的主观感受。

二、廉洁感知的内容和维度

由于业内对于廉洁的定义不尽一致，因此廉洁感知到底包含哪些内容，由几个维度构成，一直没有形成定论。学者们都根据自己的调研对象，对廉洁感知的内容和维度进行了界定，有两维度说，三维度说，四维度说，五维度说，六维度说和多维度说。

两维度的代表人物是何增科，他认为可以用两组指标来衡量腐败状况，一组是由腐败行为主体的层级分布和数量分布状况反映出来的腐败频度，另一组是腐败案件发案数量及其所造成的损失反映出来的腐败规模。

世界竞争力年鉴（WCY）指标则认为应该是三个维度，即非法支付、司法腐败以及贿赂和回扣。

四维度的代表人物是李秋芳（2005），他认为参照贫困率、基层系数、失业率等经济社会发展背景指标，以举报、投诉、案件查处等为客观依据，以公众满意度为主观评价，能准确描述不同行业、区域的腐败状况。

全球竞争力报告（GCR）指标则认为应该是五个维度：与出口

和进口许可、商业许可、交易控制、税收评估、警方保护或贷款申请相联系的额外支付。

世界银行则认为廉洁感知应包括六个维度，即：发言权和责任、政治稳定和暴乱、政府的效率、制度负担、法治以及腐败控制等。

“透明国际”认为公众对廉洁的感知应该包括：在公共领域的不正当行为（如行贿或腐败）；腐败的程度；在公共和私有商业活动中腐败涉及的范围和数量；估计由腐败所造成的损失；各级政府索要特殊和非法报偿的可能性；滥用公共权力谋取私利的程度；政治家、官员、警察和法官腐败的案例；与进出口许可证、商业营业执照、税款后数额等相联系的非正常额外支出频率等等。因此“透明国际”的廉洁感知是从八个维度来进行衡量的。

以上这些都是比较典型的关于廉洁感知维度的观点。然而，国外的廉洁感知指标不是很适合中国的国情，国内又很少创立适合自己的指标体系或者通过实证的方式来研究到底廉洁感知应该由几个维度构成，廉洁感知维度是研究廉洁问题主观测量的最重要的维度，破解了这一问题，将对如何从主观方面衡量我国廉政问题有较大的推进作用。因此，李成言教授关于廉政指标体系构建时指出的五维度说，分别为社会民众对政府廉政状况的感知测评体系、企业法人对政府廉政状况的感知测评体系、政府职能部门廉政状况自我认定指标体系、廉政立法部门廉政状况认定指标体系、监督部门考核评价廉政状况指标体系，而后学者李蔚（2007）又对其指标体系进行论证，认为应该由社会公众，政府自律，立法机构和监督机构四个部分构成，详细指标如表 2 - 3 所示。

李蔚对于公众对政府廉政感知的划分非常明确和细致，包含的内容全面，本研究以此为基础，认为公众的廉洁感知应该包括：公众自身的廉洁感知，对政府自律方面的感知，对立法机构的廉洁感知，对监督机构的廉洁感知四个维度，然后通过探索性因子和验证性因子以及模型比较来验证到底廉洁感知应该由几个维度构成。

表 2-3 政府廉洁指数指标体系

指标	社会公众	政府自律	立法机构	监督机构
维度	社会价值观与公众反腐意识	公共服务意识与政务公开度	立法机构自身的廉洁程度	监督机构自身的廉洁成都
	公众知情权与发言权（媒体）	行政审批、行政执法透明度	对腐败行为的查处力度	职责履行程度及工作效率
	商业团体（私人部门）生存环境	部门预算及财务支出公示	对各类举报、投诉信息的反馈	
	安全保密的举报、投诉通道	公务员行政伦理水平		

第四节 满意度的研究

一、满意度的界定

满意是一种情绪状态，它是一种个人的心理感受或心理状态，包括认知、情感、态度、情绪、愿望和信念等。公众满意度的概念源于顾客满意度，因此对于公众满意度的界定需要从顾客满意度开始。自美国学者 Cardozo 于 1965 年首次讨论顾客满意以来，其就广泛受到关注，本书根据其概念研究的演进过程，从顾客满意到公众满意来界定在腐败问题中的公众满意度。

对于顾客满意，学界主要从状态角度和过程角度来进行界定，如表 2 – 4 所示。

表 2 – 4　顾客满意的概念界定

学者名	状态角度	学者名	过程角度
Howard&Sheth (1969)	顾客对其所付出的代价是否获得足够补偿的一种认知状态	Hunt（1977）	顾客满意是"消费经历至少与期望相一致时而做出的评价"
Oliver&Linda (1981)	顾客满意是"一种心理状态，顾客根据消费经验所形成的期望与消费经历一致时而产生的一种情感状态"	Engel&Blackwell (1982)	顾客满意是"顾客对所购买产品与以前产品信念一致时所做出的评价"
Westbrook & Reilly（1983）	顾客满意是"一种情感反应，这种情感反应是伴随或者是在购买过程中产品陈列以及整体购物环境对消费者的心理影响而产生的"	Tse&Wilton (1988)	顾客满意是"顾客在购买行为发生前对产品所形成的期望质量与消费后所感知的质量之间所存在差异的评价"
Kotler（1997）	顾客满意是"指一个人通过对一个产品的可感知的效果（或结果）与他的期望值相比较后形成的感觉状态，是感知的效果和期望值之间的差异函数"		

资料来源：本研究整理

在顾客满意的概念基础之上，公共管理学界的学者们纷纷对公众满意度进行界定。

David Osborne 和 Ted Gaebler（1992）提出公众满意是指在体验公共行政的过程中，公众的需求得到满足，公众的期望与实际感受相一致，从而使公众产生肯定、愉悦、满足的积极心态。高婵芝（2014）将公众满意度总结为认知情况、情感以及行为趋势这三部分。王谦、李锦红（2006）指出公众满意度，又称为群众满意度，是指在对政府工作有一定了解的基础上，政府部门服务对象对政府工作的满意程度，是对公众心理状态的量化与测量。刘岚芳（2006）提出民众满意度是指民众通过将自己的期望与感知进行比较，从而得出的对社会发展状况满意程度。熊林钟（2007）认为公众满意度从字面上理解为公众对政府和公众组织管理与服务满意的程度。也就是通过了解公众的意见，测评公众对政府和公共组织所提供产品和服务的期望与实际感受的差距，来改进政府工作；为公众满意度提供参考依据，最大化满足公众对政府的要求，使政府行为更符合公众利益，从公众的角度来看政府管理与服务达到什么程度。邹凯（2008）认为公众满意度是指公众的感觉状态水平，这种水平是公众对政府提供的产品或服务所感知的绩效和公众的期望值进行比较的结果，得到的是一种对社会发展以及政府服务能否满足自身需求的主观评价。社区服务公众满意度定义为：公众对社区服务使用后的总体感知与使用前的期望值进行比较后产生的“差距”，即公众对社区服务的总体感受及主观评价，它是公众长期以来各种微观感受的一种累积效应。赵楠（2011）指出公众满意度就是指公众对消费公共产品或服务之前的预期感知与消费后的实际体验效果的差距的认知。公众满意程度的大小，取决于公众接受某种产品或服务之后对质量的价值感知度与公众在接受该种产品或服务之前的期望值相比较后的价值体验度，两者的比值越大，那么公众满意度就越高，反之亦然。

以上这些定义根据各自研究对象，从公共行政的角度对公众的满意度进行了界定，对我们很有启发，本文对公众满意度的界定则主要是指公众在政府所提供的服务中，对政府廉洁问题的预期和实际感知相一致，从而产生的对政府肯定的满足和愉快的感受。

二、满意度的内容和维度

由于对满意度的研究时间已经非常长，并在各个研究领域都进行了信度和效度的检定，所以对于满意度的内容和维度的认识基本上都已经形成了共识，且调研问卷的题项也已经形成公认的经典问卷。所以学界对于满意度的内容和维度的测量几乎没有什么争议。

ACSI 模型中将满意度界定为两个维度，即总体满意度和感知与期望的比较。Parasuraman&Grewal（2000）将满意度界定为三个维度，即总体满意度，实际同预期的比较，实际同理想的比较。

我们可以看出，尽管这两个划分的维度多少有细小变化，但是实质内容是完全一致的，因此本研究也使用满意度的经典题项进行测量，以确保其信度和效度。

第五节　政府信任的研究

一、政府信任的界定

无论是西方还是中国对政府信任的研究内容都非常广泛，因为所研究的主题有所不同，因此在界定政府信任时也略有差异。

西方学者对政府信任的研究颇丰，不同学者对政府信任进行了不同界定，比较有影响力的观点如下：米勒和尼斯萨基（1990）认为所谓“政府信任”，乃是公众对于政治权威当局及政治机构是否符合民众的规范性期待的一种评估。公众与政府的信任关系是对施政当局与公共机构的绩效表现是否与公众所持的正常期望相符合的一种评价。伊斯顿（1965）将公众对政府的支持和信任形态区分为广泛的（diffuse）和特定的（specific）两种。其中，前者指公众对政权层次（regime level）的“政治标的”和“政治符号”的态度；而后者认为公众对政府的信任包括政治过程和结果两个要素，其中政治结果是公众最关心的。斯崔恩和马斯特（1999）认为公众对政府的信任指的是公众对他们的政府所持有的一种信心以及对政府领导人、决策者与整个政治执行系统的支持态度。换言之，公众信任产生于公众评价政府及公共机构、政府决策以及政治领导人是否守信、高效、公平和诚实之时。纽顿和诺律斯（2000）认为公众信任是公众对政治实体内在感觉的一个根本指标，它显示了市民对政府（包括政治家和政府官员）能否“做正确的事”以及用合适、诚实的行为方式处理公共事务以代表公共利益的信任水平。

国内的学者也对政府信任展开了充分的研究。麻宝斌、马永强认为（2018）政府信任是政治信任的一个方面，对政府的信任，属于策略信任，是公众基于认知、经验和感受而对政府已有表现做出的评价和未来表现符合自己愿望的期待。蒋叶莎（2018）认为政府信任不是一个概念，而是一种社会现象，体现的是政治生活中各种信任关系的总和。帅满、罗家德、杨鲲昊（2018）认为制度、文化和社会资本三个理论范式对政府信任具有解释力。李砚忠（2007）认为政府信任是指公众在期望与认知之间对政府运作的一种归属心理和评价态度。

根据国内外学者对政府信任的界定，本研究将政府信任界定为公众对政府所持的一种信心、认同度和支持态度。

二、政府信任的内容和维度

国内外学者对信任都进行了较为充分的研究，他们分别从信任的原因、内容、程度、特征、对象、目的、层面、概念、载体、动机等多个方面对信任到底由几个维度构成进行了研究，对于信任到底由几个维度构成这个问题，也产生了很大的争议，有的认为，信任应该是二维的，此外还有三因素说，四因素说，多因素说，等等，本研究对其进行了整理，如表2-5所示。

表2-5 信任的维度划分

代表人物	对信任的维度划分
Weber（1951）	特殊型信任；普遍型信任
Williamson（1975）	计算的信任；个人的信任；制度的信任
N. Luhmann（1979）	采用“二分结构”的方法将信任划分为人际信任和制度信任
Luhmanm（1979）	人际信任；制度信任
Barber（1983）	能力信任；善意信任
Lweis，Weigert（1985）	基于认知的信任；基于情感的信任
Zucker（1986）	（1）基于交往经验的信任（2）基于行动者具有的社会特征和文化特征的信任（3）基于制度的信任
MaCauley，Kuhnert（1992）	个体信任；制度信任
Sako（1992）	契约型信任；能力型信任；善意型信任

续表

代表人物	对信任的维度划分
Lewicki，Bunker（1995）	计算型信任；认同型信任；了解型信任
Rousseau et. al.（1998）	计算型信任；关系型信任；制度型信任
Weber（1998）	目的理性信任；价值理性信任；情感理性信任；传统信任
McKnight（1998）	计算型信任；人格型信任；认知型信任；制度型信任
Donny（1998）	计算型信任；预测型信任；能力型信任；转移型信任；意图型信任
Rousseau et. al.（1998）	计算型信任；关系型信任；制度型信任
Garbarino，Johnson（1999）	交易型信任；关系型信任
王绍光，刘欣（2002）	熟人间信任；朋友间信任；亲人间信任；社会信任
董才生（2004）	内在制度型信任；外在制度型信任
张康之（2005）	习俗型信任；契约型信任；合作型信任
程倩（2006）	习俗型信任；契约型信任；合作型信任
徐雷（2007）	认知型信任；情感型信任；制度型信任
张延锋（2007）	理性信任；感性信任
谢治菊（2012）	政府信任，社会信任

资料来源：本研究整理

根据信任的维度划分，结合其在政府信任中主客体的特征，学者们对政府信任也进行了维度划分。

有学者认为政府信任应该包含两个因素。比如江受林在《基于村民满意感的基层政府信任问题研究》中将政府信任分为对行政人员信任和对行政制度信任两个维度。

大多数学者认为政府信任应该包括三个维度。Thomas（2003）将政府信任分为以下三个维度：特质为基础的信任（characteristic-based），这是经由一个人的人口学上的有关特征所产生；制度创造出的信任（institution-based），这是经由直接采取专业标准、伦理法则，或间接透过遵守或执行法律及规范而形成；过程为基础的信任（process-based），这是源自对互惠（re-ciprocity）的期待，在这个意义之下，给予信任的公民，将使政府有义务返还相等的“本质性或经济性价值”（intrinsic or economic value）的政治产品作为回报。钟杨、王奎明（2015）认为政府信任度与民众的基本社会价值观、社会信任和国际地位三个维度显著相关。程倩（2006）认为政府信任包括习俗型政府信任、契约型政府信任和合作型政府信任三个维度。姜晓秋、陈德权（2006）认为公众对政府的信任包括三个方面：（1）公众对政府公务人员的信任。（2）公众对政府机构的信任。（3）公众对政府提供的公共物品的信任。随丽丽（2009）认为政府信任包括：过程信任、制度信任、结果信任三个维度。王晓璐（2010）认为公众对政府的信任主要包括政府结构信任、政府人员信任和公共服务信任三个维度。

还有的学者认为政府信任包括多个维度。例如波兰著名社会学家彼得·什托姆普卡（Piotr Sztompka）指出人民对于国家（政府）的信任是由七项要素所构成的，即规制（regularity）、效率（efficiency）、可靠（reliability）、代表性（representativeness）公平（fairness）、负责性（accountability）以及善心德行（benevolence）等。

在充分借鉴学者们在政府信任维度的划分经验的基础上，结合居民和政府的特征，以实地访谈为基础，依据居民对政府信任的动机，本研究将信任划分为契约型信任、合作型信任和制度型信任。契约型信任是指作为理性经济人的双方基于彼此的利益和权力考量，受到契约限制的信任。合作型信任就是信任双方基于共存目的考量，基于对彼此行为的认知和双方既有交往的需要而产生的一种信任关系。制度型信任是指把制度作为信任双方相互交往过程中的一种行动机制，这种机制的建立可以使双方之间产生合理的相互预期与认同。

第三章

理论框架及研究假设

基于文献综述，本章构建全文理论框架，提出研究假设，逐个分析公众廉洁感知的结构维度，个人基本属性与公众廉洁感知的关系模型，大众传媒与公众廉洁感知的关系模型，廉洁预期、廉洁感知、满意度与政府信任的关系模型，并且探讨模型变量的测量方法和度量的选择。

第一节　理论框架

根据前文的文献梳理，本文拟研究廉洁预期、廉洁感知与公众满意度之间的关系，满意度对政府信任的影响，以及个人基本属性和大众传媒对公众廉洁感知的影响，根据研究的内容我们拟定如图3－1所示的研究框架，框架中的虚线表明此处根据文献综述可能存在关系，待下一步进行验证。

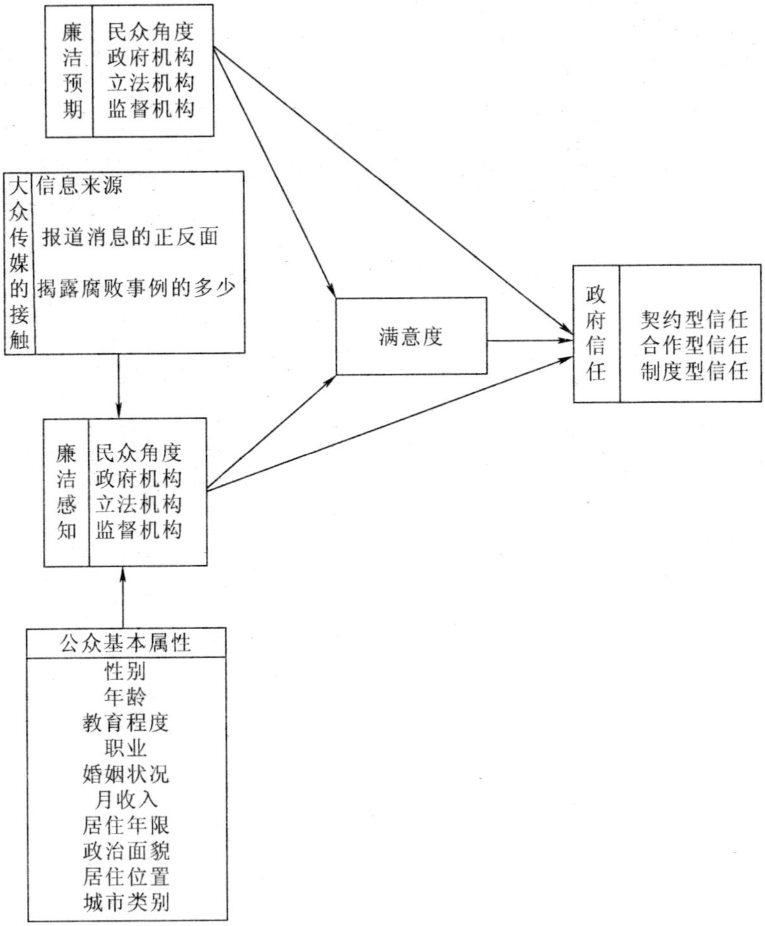
廉洁预期
民众角度
政府机构
立法机构
监督机构
大众传媒的接触
信息来源
报道消息的正反面
揭露腐败事例的多少
满意度
政府信任
契约型信任
合作型信任
制度型信任
廉洁感知
民众角度
政府机构
立法机构
监督机构
公众基本属性
性别
年龄
教育程度
职业
婚姻状况
月收入
居住年限
政治面貌
居住位置
城市类别

图 3-1 研究理论框架

第二节 研究假设

一、公众廉洁感知维度的假设

关于廉洁问题，有学者根据不同学科将分析方法分为四种：（1）道德主义方法；（2）历史主义方法；（3）文化主义方法；（4）经济主义方法。当代经典的社会科学界定腐败的三种模式（海登海默）是：（1）公共舆论的腐败定义；（2）公共利益的腐败定义；（3）公共职位的腐败定义。

如第一章第二节所述，国内外对公众廉洁感知的结构维度研究较少，尚无一致结论。2010 年《中国的反腐败和廉政建设》指出 2003 年至 2010 年，中国公众对反腐败和廉政建设成效的满意度从 51.9% 提高到 70.6%。2012 年度《四川省党风廉政建设社会评价指数综合测评报告》调查的评价对象为全省 21 个市（州）和 181 个县（市、区）党委和政府，该报告显示，群众对 2012 年全省党风廉政建设感知综合评价指数为 82.99%。张增田等（2013）认为公众廉洁感知应反映两个维度，主要是“廉洁的满意度”和“廉洁的信心度”。倪星等（2010）将腐败倡廉建设过程和结果细化为投入、过程、产出和影响四个维度，从而设计出“绩效评估指标体系”，前三个维度的指标主要依据客观数据，汇成“腐败控制指数”，第四个维度的指标则依赖主观感受，构成“廉洁感知指数”。郑州大学廉政评价中心将此类评价指标命名为“社会廉政评价体系”，分别从“干部作风”“依法行政”“廉洁从政”“廉政效能”等四个维度来评价一个地区的反腐败工作。

虽然关于公众廉洁感知的针对性研究较少，但国内外关于公共部分的公众感知研究较广泛、深入，可以为本次研究所借鉴。吕维霞等（2009）研究指出政府机关有独特的公众感知行政服务质量测评维度，分别是便利性、响应性、透明性、守法性、实效性和保证性。其中，便利性、响应性、实效性、保证性对于公众满意度有积极的、显著的影响，而守法性、透明性、实效性对政府公信力有积极的、显著的影响。公众的满意度对于政府的公信力和声誉均有积极影响，而政府的公信力则对政府声誉有积极影响。吕维霞等（2010）还研究了服务设计和社会监督对公众感知公共服务质量在各维度都有积极的直接影响，社会监督对感知质量与服务设计的关系的调节有消极作用。范春梅（2013）研究了食品安全事件中公众感知风险的动态问题。

Dimoc（1936）认为可将顾客满意标准应用于政府工作的公众感知研究中，从而改善公共服务。Claes Fornell（2005）测量、分析了美国联邦政府 2 个部门满意度的变化趋势（1999—2005）及其原因。英国在政府顾客满意度理论上提出了自己的满意度测评体系，即政府服务质量评估体系（SERVQUAL）。以色列也发展出比较成熟的政府满意度和信任度评估模型。国内的研究多数是根据研究对象特性对 ACSI 模型在公共服务领域进行修正。朱国玮（2007）修正了 ACSI 模型，提出了公共服务的公众满意度测评理论及测评模型（PSCSI）并对其进行了验证。郑方辉和雷比璐（2007）从公众满意度导向的视角剖析了地方政府绩效评价模式。刘武（2014）就公共服务接受者满意度指数模型展开研究。孙婷婷、梁昌勇、朱龙、徐枞巍（2016）采用层次分析法与模糊评价的综合评价对政府公众满意度进行测评。赵维良、赵东霞（2012）对公众满意度与公共服务绩效相关性问题进行了再审视。

综上所述，公众廉洁感知仍需要更多关注以及系统研究，结合第二章第三节所述，而后学者李蔚（2007）对李成言教授的指标体系进行论证，认为应该由社会公众、政府自律、立法机构和监督机构四个部分构成，这一看法得到学界较多学者的认同，因此本研究拟考虑大多数学者的观点，初步提出如下假设：

假设 H1：公众廉洁感知是四维结构。

二、大众传媒与廉洁感知的关系假设

公众接受政府廉洁和政府腐败信息的最主要渠道是大众传媒，如广播、电视、报纸、杂志、网络等。大众传媒影响甚至左右公众对廉政和政府信任的认识、态度和价值观。注意到此，一些学者把大众传媒作为影响公众对公共事务的态度的重要变量。王明（2016）研究了媒体传播对公众危机感知的影响，从危机感知主动性、信源偏好、信息需求、感知偏差、倾向性等方面，分析了公众感知在现行媒体议程影响下形成的各种特征。周全等（2017）研究了互联网使用对公众的社会环境风险感知的影响。因此，本文提出如下研究假设：

假设 H2：信息来源、报道消息的正反面、揭露腐败事例的多少不同，廉洁感知有显著差异。

文献研究表明公众对公共事务态度受所接受媒体种类的影响。例如，陶志梅等（2018）研究发现报纸、杂志、广播、互联网和手机在内的 5 类具体媒介对公众态度影响作用不同。传统媒介对于公众参与态度的影响效力显著高于新媒介。李春梅（2018）研究结果说明公众态度受网络影响程度小于传统传媒（电视和报纸）。基于此，本文提出如下假设：

假设 H2a：公众接触的信息来源不同，廉洁感知有显著差异。

公众对廉洁的感知很多时候来自传媒的信息，传媒是正向报道廉洁信息越多，公众感知到腐败越严重，还是说传媒是反向报道腐败的信息越多公众感知越严重，这不仅关系到媒体今后报道的主要方向，也涉及积极心理学的相关理论。陈鹏、臧雷振（2015）认为研究报道的正反面不同，廉洁感知有显著差异。王琨（2015）发现新闻报道的正反面与大学生的社会环境风险感知存在着显著的相关关系。综合文献结论，本文提出如下假设，并在后续实验中进行验证。

假设 H2b：媒体的报道方式不同，廉洁感知有显著差异。

媒体对腐败报道的信息量的多寡会不会影响到公众对廉洁的感知，这个问题也被媒体和学界所关注，但并没有人对其进行实证研究。对此的研究也相对比较匮乏，本研究根据已有文献和自己工作的观察。提出如下假设：

假设 H2c：媒体报道的腐败信息量大小不同，廉洁感知有显著差异。

根据文献综述以及上述研究假设，得出大众传媒对公众廉洁感知的关系模型如图 3－2 所示。

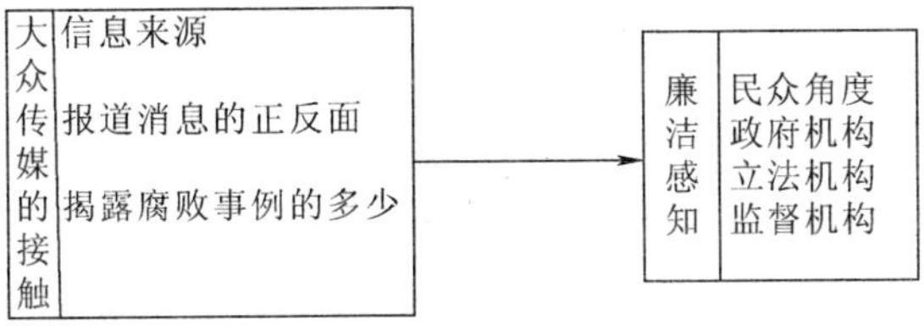

图 3－2　大众传媒与公众廉洁感知关系模型

三、个人基本属性与公众廉洁感知的关系假设

个人基本属性包括性别、年龄、受教育程度、职业、婚姻状况、收入、政治面貌、居住位置和城市类别等。个人属性不同，其廉洁感知会有差异，但表现出何种差异仍无定论。由于廉洁感知的研究目前还比较匮乏，因此很难找到个人基本属性与廉洁感知的定量研究结果，但廉洁感知属于大的公共事务的感知，因此本节以大量查阅的对公共事务的感知的文献作为文献基础。提出如下假设：

假设 H3：性别、年龄、受教育程度、职业、婚姻状况、收入情况、政治面貌、居住位置和城市类别不同，廉洁感知存在显著差异。

（一）性别

关于个体性别是否会影响其对政府廉洁的感知研究，由于研究方法以及研究对象所处国家、城市、文化背景等因素不同，导致研究结论并不完全一致。部分研究者发现，男性的公共事务态度更积极。例如，林嘉诚（1989），申动（2016），韩雪婉（2016）和 Verba，Nie 和 Kim（1987）。但也有些研究指出女性的廉洁感知更多，如萧扬基（2002），陈穆莹（2002），柳季琦（2015）和梁慧（2017）等。综上，可以得到的较一致的结论是性别与廉洁感知有相关关系。因此，本文假设：

假设 H3a：不同性别的公众，廉洁感知存在显著差异。

（二）年龄

现有研究指出年龄对公众的廉洁感知有影响。杨清（2014）发现年龄越高公众的廉洁感知越多。胡洁虹（2015），王玲玲（2014）和李春梅（2018）调查发现公众态度与年龄有显著相关性。据此，本文提出假设如下：

假设 H3b：不同年龄的公众，廉洁感知存在显著差异。

（三）受教育程度

关于受教育程度与公众的公共事务态度关系的研究仍未达成共识。高婵芝（2014）认为公众的受教育程度越高其廉洁感知更多。然而，韩雪婉（2016）发现高学历者的社会关怀态度远不如教育程度更低者。基于此，本文提出假设如下：

假设 H3c：受教育程度不同的公众，廉洁感知存在显著差异。

（四）职业

现有研究发现公众的廉洁感知很可能也受到其职业影响。胡洁虹（2015）发现职业等级与廉洁感知呈正相关关系。姜涵（2014）研究显示退休人员的公共事务态度显著高于其他职业者。因此，本文提出如下假设：

假设 H3d：职业不同的公众，廉洁感知存在显著差异。

（五）婚姻状况

关于婚姻状况对公众态度的影响，多数研究认为已婚者的廉洁感知更多。例如，李春梅等（2013）、倪群（2014）和吴佩雯（2003）。于是，本文假设如下：

假设 H3e：婚姻状况不同的公众，廉洁感知存在显著差异。

（六）收入

个人经济状况与其公共事务态度之间的关系也是公共管理领域研究热点之一，而廉洁感知也是公共事务态度中的一种。一些研究表明，收入水平与公众的公共事务参与态度呈正相关关系。例如，刘福刚（2015），徐敏（2016），崔颖萍（2106）和罗雅文（2018）。本文据此提出如下假设：

假设 H3f：月收入不同的公众，廉洁感知存在显著差异。

（七）政治面貌

关于政治面貌对公众态度的影响还有待进一步的研究，现有研究结论并不一致。梁慧（2017）发现不同政治面貌大学生的廉洁感知度存在较为显著的差异。柳季琦（2015）研究发现公众公共事务态度受其政治面貌的影响而存在显著性差异。魏勇等（2015）和傅利平等（2014）的研究结论进一步证实了这一点。但 Lyn 和 Martha（1992）和陈春梅（2003）的研究却发现公众政治面貌与其公共事务态度之间无显著性关联。为进一步分析二者之间的关系，本文假设：

假设 H3g：政治面貌不同的公众，廉洁感知存在显著差异。

（八）居住位置

因为在我国东、西、南、北、中不同的地理位置，其资源拥有率和经济状况都有显著的不同，这不仅给腐败制造的机会不同，而且给百姓感知腐败的体会也有很大的不同。根据以往的研究，张波（2010）认为不同的居住位置的公众对于腐败的感知是有显著差异的。根据他的研究结论，本文提出研究假设：

假设 H3h：居住位置不同的公众，廉洁感知存在显著差异。

（九）城市类别

居住位置还不能完全界定这个地区公众的经济状况，到底住在一线大城市，二线省会城市，还是三线城市，或是乡镇及以下，哪个对于政府的腐败情况会有较大影响？根据多年来的工作经验及韩力（2009）的研究结论显示城市类别对廉洁感知有一定影响，我们提出研究假设：

假设 H3i：城市类别不同的公众，廉洁感知存在显著差异。

根据上述研究假设和文献综述，给出个人基本属性与公众廉洁感知的关系模型，如图 3－3 所示。

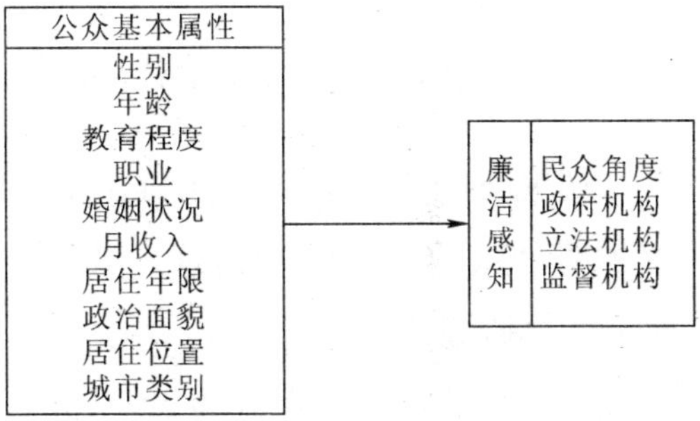

图 3－3　个人基本属性与公众廉洁感知关系模型

四、公众廉洁预期、廉洁感知、满意度和政府信任的关系假设

公众对廉洁的预期，对廉洁的感知、对政府的满意度以及对政府的信任程度是本研究所关心的核心问题，厘清四者之间的关系，有利于科学地引导公众提高其政府信任度。本文借鉴广义上的人的感知、态度和表现的研究成果，有针对性地提出相应的研究假设。

崔春生等（2019）则认为顾客满意是“指一个人通过对一个产品的可感知的效果（或结果）与他的期望值相比较后形成的感觉状态，是感知的效果和期望值之间的差异函数”。

ACSI 和 SCSB 的研究发现，顾客期望对顾客满意度有直接影响（徐娴英，2012）。这一基本观点之后在各领域用于验证对某一事物的预期是否会影响到其满意度，而在廉政领域，目前关于廉洁预期对满意度的影响到底情况如何还没有查到相关的研究结论，根据 ACSI 的相关模型理论，我们对廉洁预期对满意度的影响做如下假设：

假设 H4a：廉洁预期对满意度存在直接的负向影响。

图3-4　公众廉洁预期对满意度的影响假设

倪星等（2017）研究发现公众感知与其满意度有显著正相关性。郑稳（2014）研究表明公众的实际感知越好，其满意度越高。根据上述文献分析，给出如下研究假设：

假设H4b：廉洁感知对满意度有直接的正向影响。

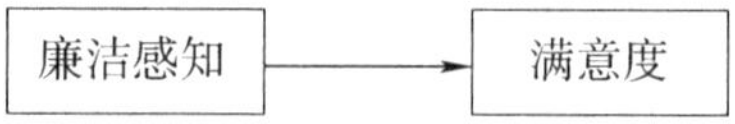

图3-5　公众廉洁感知对满意度的影响假设

吴进进（2017）、卢海阳等（2016）的研究显示，对政府的满意度越高的居民其政府的信任度也高。刘武、朱晓楠（2012）和李春梅等（2018）的研究也发现，政府满意度高的公众，其政府信任度也高。据此，本研究提出研究假设：

假设H4c：满意度对政府信任有显著正向影响作用。

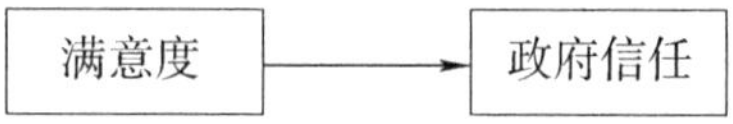

图3-6　公众腐败满意度对政府信任的影响假设

张午光（2016）的研究结果显示政府的廉洁形象与公众对政府的信任有着相关关系。薄贵利（2008）也得出类似的结论，再根据ACSI研究结论，本研究提出研究假设：

假设H4d：廉洁预期对政府的信任有直接的负向影响。

龚王百贞（2015）在对少数民族地区进行研究时发现，公众感知直接影响着政府信任。曹爽（2016）在对公众新媒体信任和政府

图 3－7　公众廉洁预期对政府信任的影响的假设

信任问题研究时发现感知对政府信任有显著影响。据此，本研究提出研究假设：

假设 H4e：廉洁感知对政府信任有直接的正向影响。

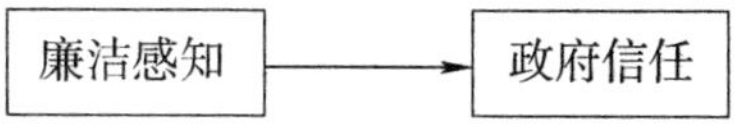

图 3－8　廉洁感知对政府信任的影响的假设

继以上各种关系的分析后，本研究想探寻满意度到底在廉洁感知和政府信任中起到什么作用，是中介作用还是干扰作用，如果是中介作用，那么是完全中介还是部分中介，因此将其有可能的所有关系一一进行假设，然后通过验证来找到其最终实际起到的作用。

假设 H4f：满意度在廉洁感知和政府信任之间具有中介作用。

假设 H4f1：满意度在廉洁感知和政府信任之间具有完全中介作用。

图 3－9　满意度作为完全中介作用

假设 H4f2：满意度在廉洁感知和政府信任之间具有部分中介作用。

假设 H4f3：满意度在廉洁感知和政府信任之间具有调节作用。

根据以上研究假设和文献回顾，给出公众廉洁感知、廉洁感知和政府信任的关系模型，如图 3－12 所示。

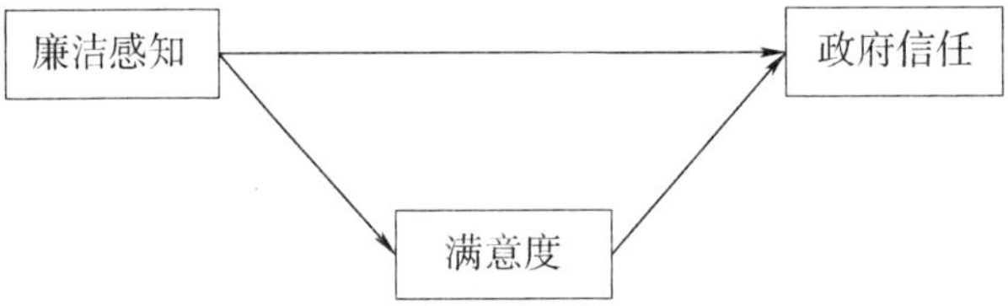

图 3-10　满意度作为部分中介作用

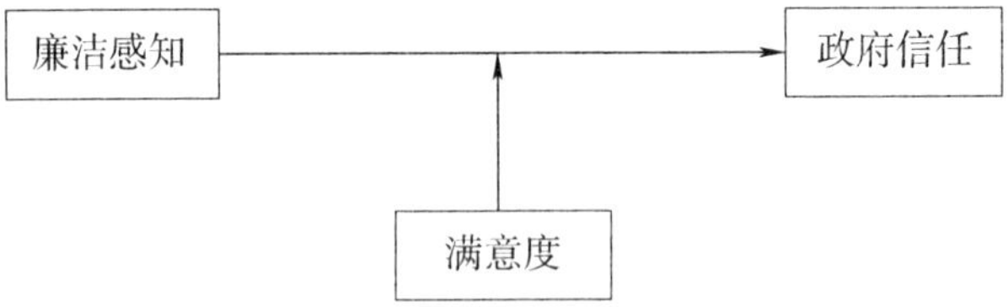

图 3-11　满意度作为干扰变量

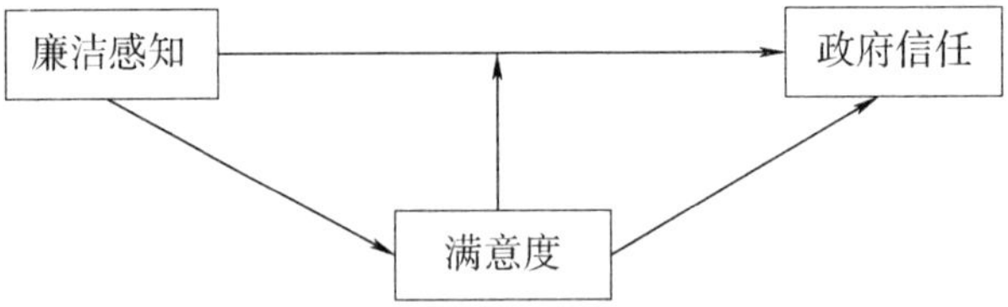

图 3-12　公众廉洁感知、廉洁感知和政府信任关系模型

同样的，因为也不清楚满意度在廉洁预期和政府信任中的作用，因此也对满意度在廉洁预期和政府信任中的各种关系一一进行假设，一一进行验证。

假设 H4g：满意度在廉洁预期和政府信任之间具有中介作用。

假设 H4g1：满意度在廉洁预期和政府信任之间具有完全中介作用。

假设 H4g2：满意度在廉洁预期和政府信任之间具有部分中介作用。

图 3－13　满意度作为完全中介作用

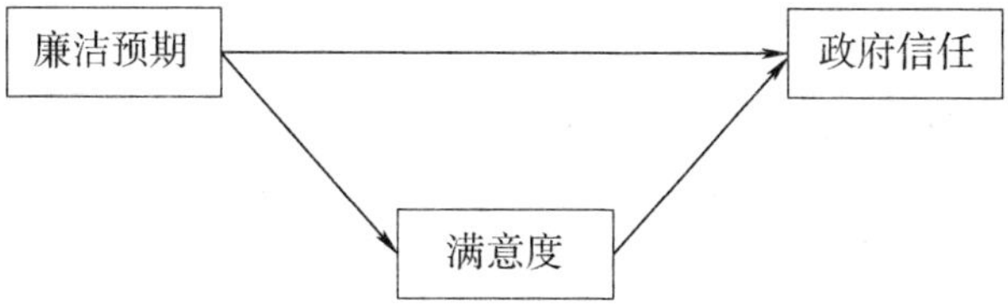

图 3－14　满意度作为部分中介作用

假设 H4g3：满意度在廉洁预期和政府信任之间具有调节作用。

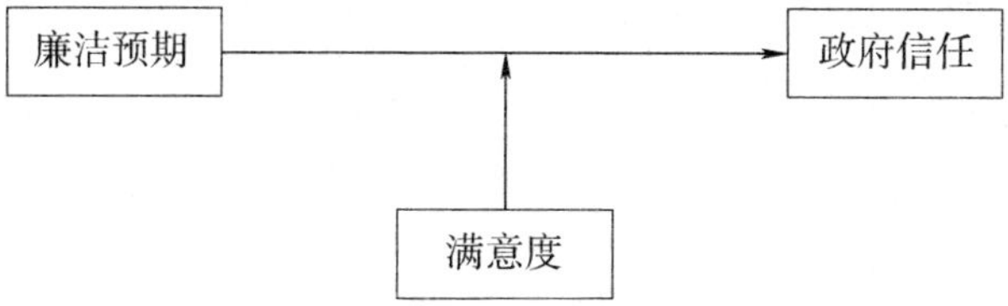

图 3－15　满意度作为干扰变量

根据以上研究假设和文献回顾，给出公众廉洁感知、廉洁感知和政府信任的关系模型，如图 3－16 所示。

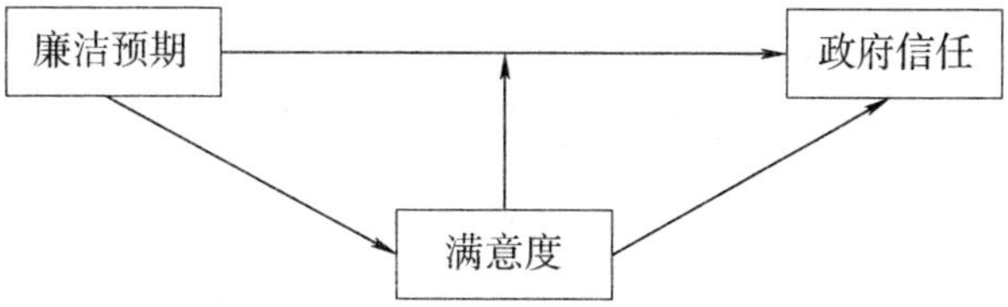

图 3－16　公众廉洁预期、廉洁感知和政府信任关系模型

第四章

研究设计及数据处理

本章在文献分析及研究模型和研究假说的基础上，寻找到研究的关键变量，及每个变量的测量题项，再根据被试的特点予以调整，形成问卷题项。通过专家访谈和对不同文化水平的人进行内容效度的测定，形成预测试问卷。通过预测试后的信度和效度检验，运用统计学的研究方法，确定最后的测量题项。再结合对题项的语言表述及排序方面的修订，形成最终的正式问卷，通过大规模地发放，运用统计分析方法进行数据处理。

第一节　问卷的设计与过程

调查问卷就是衡量和测试整个调研问题的工具，测量的精准与否，是否能够准确地阐述和解释所研究的问题，都直接影响到这个研究的结论，因此其在整个调研中是影响研究质量的关键。在本研究中，基本遵从以下几个原则：第一，目的性原则。所有的题项均紧密围绕调研的主题展开，各大板块的测量题项均要能准确无误地测量这一研究变量。第二，逻辑性原则。问题之间，各研究板块之间要体现出严密的逻辑性和系统性。各部分紧密联系，充分体现部分和总体的关系，各部分既要独立反映这一变量的特点，也要紧密围绕和反映出总体的特点。第三，普遍性原则。问卷的语言表达要方便不同群体理解，不能出现专业术语，也不能使得不同的人群对同一题项的理解发生偏差。第四，明确性原则。所谓明确性也同时是指问卷的规范性，表示所提问题是否准确，不会产生其他的理解和误解，回答的人也能够明确地回答，不会发生模糊不清的情况。第五，中立性原则。所有的题项均保持中立的态度，不能对被试有任何的指引和诱导，否则回答者没有办法独立、客观地回答问题。根据以上原则，为了更加确保问卷的准确性和严密性，本研究又尤其注意了以下几个方面：

第一，充分查阅国内外相关文献的题项设计和测量方法，对其测量的信度和效度进行汇总分析。结合本研究的主题和测量对象，根据问卷题项的一致性和相关性对测量题项进行筛选。

第二，对国际顶级期刊的经典题项，采取回译的办法。我们首先请一个具有留学经历且对本研究领域非常熟悉的朋友将英文题项翻译成中文，再请另一位同样水平的人将翻译的中文再译成英文，请第三个人将这个英文与原文进行对照。遵照此步骤重复三次，确保所翻译的题项与英文原意吻合。在翻译过程中也尽量考虑与汉语的语言表达习惯和表达方式吻合，以确保问卷在测试过程中理解的准确性。

第三，充分确保问卷语言表达的准确性和合理性。本研究在问卷设计之初，就采用专家访谈法和群体访谈法，针对对腐败问题有非常清楚认知的，有部分认知的和几乎没有什么认知的不同群体，对问卷和题项进行意见征集，然后根据征集的意见进行调整和修正。

然后邀请博士学历、硕士学历、本科、高中、初中、小学以及文盲，几种不同文化程度的人进行题项语言表达的阅读，听取他们的意见，确保每个不同文化程度的人对这一题项的理解都是完全一致的。

第四，整理题项的排序。问卷的排序采用先易后难的原则，同时把同样性质和类别的问题尽量集中排列在一起，以方便被试在回答问题时思路清晰有连贯性，以确保问卷尽可能地收集到真实准确的信息。

综合多方面的考虑，我们形成预测试的问卷，再通过对预测试的信度和效度分析，最终调整形成正式问卷。

第二节　变量的操作性定义与测量题项

根据研究框架和研究主题，本研究要测量的关键变量包括：公众廉洁预期、公众廉洁感知、满意度和政府信任以及大众传媒和个人基本属性。各变量的题项获得途径主要是：第一，国内外经典成熟问卷。主要是一些被反复验证的，具有很高信度和效度的题项。第二是依据访谈结果，采取扎根理论，定性分析得来。第三是根据文献分析得来。主要是根据已有的相关理论以及文献分析所得到的。第四，修正现有相关文献的量表。结合我们的调查主题、调查内容以及调查对象，根据实际情况进行修正得来。

本研究主要采用类别型尺度的变量和连续型尺度的变量。连续型尺度的变量主要采取李克特（R. A. Likert）量表。对于公众廉洁期望采用非常不重要到非常重要七等尺度，对于公众廉洁感知采用完全不同意到完全同意七等尺度，对于满意度采用完全不同意到完全同意七等尺度，对于政府信任采取完全不符合到完全符合七等尺度。本研究之所以采用七等尺度，是因为心理学研究结果显示，七等尺度能够提升变量的区分度，从而更加深入细致地研究问题。

一、变量的操作性定义与测量题项

（一）个人基本属性

本研究的个人基本属性主要包括：性别、年龄、教育程度、职业、婚姻状况、月收入、政治面貌、居住地在国家所处位置、所在的地区等九项内容。因为其汉语拼音信息，缩写为 XX，根据其在问卷中的位置，录入时用 XX1—XX9 表示。

（二）大众传媒

本研究所指的大众传媒是电视、互联网、广播、手机短信或微信、境外媒体等对腐败情况进行报道和传播的媒介，借鉴大众传媒与廉洁预期、廉洁感知、满意度以及信任度关系的相关文献，本研究对大众传媒主要的考虑包括媒体的种类、媒体报道信息的多少、媒体报道信息的方式三个方面的内容。根据媒体的拼音缩写，在问卷录入时记为 MT，根据其在问卷中的顺序，依次表示为MT1—MT5。

（三）廉洁预期

本研究的廉洁预期是操作性的定义，仅限于问卷测量中所包含的内容，包括社会公众、政府自律、立法机构、监督机构四个维度的预期。被试得分越高表明其在这一方面对政府的期望越高。根据期望的拼音缩写，在问卷录入时记为 QW，根据其在问卷中的排序，依次表示为 QW1—QW38。

（四）廉洁感知

本研究的廉洁感知是操作性定义，与预期相对。因为预期与实际感知的差异会导致满意与不满意已经成为一个经典模型，所以廉洁感知也包含社会公众、政府自律、立法机构、监督机构四个维度的感知。被试得分越高表明其认为我们的政府越廉洁。根据感知的拼音缩写，在问卷录入时记为GZ，根据其在问卷中的排序，依次表示为GZ1—GZ38。

（五）满意度

本研究的满意度是操作性的定义，采取满意度的经典问卷为题项。所有题项均测试公众对当下腐败问题的满意度或者叫作廉政状况的满意度。根据满意度的拼音缩写，在问卷录入时记为MY，根据其在问卷中的排序，依次表示为MY1—MY7。

（六）政府信任

本研究所采用的政府信任也是操作性的定义，仅限于问卷测量中包含的内容，包括契约型信任、合作型信任和制度型信任，被试得分越高表明其对政府的信任度越高。根据信任的拼音缩写，在问卷录入时记为XR，遵从其在问卷中的排序，依次表示为XR1—XR16。

二、测量题项来源

本研究各变量的测量题项来源如表4－1所示。

表4－1　计量尺度来源

变量名	计量尺度	计量尺度来源
个人基本属性	XX1—XX9	Verba、Nie & Kim（1987）、Lyn & Martha（1992）、Baik（1994）、李成言（2006）、徐贵宏（2008）、从小艺（2010）

续表

变量名	计量尺度	计量尺度来源
大众传媒	MT1—MT5	McNelly & Fonseca（1964）、Steven H. Chaffee（1977）、程金福（2007）、李元（2010）
廉洁预期	QW1—QW38	Grönroos（1984）、Parasuraman（1994）、Forehlieh & Weleh（1996）、Jukka（2001）、刘贵忠（2005）、刘金兰（2006）、李成言（2006）、金一强，苏宏（2007）、从小艺（2010）
廉洁感知	GZ1—GZ38	Zeithaml（1988）、Sheth，Newman & Gros（1991）、Bradley（1994）、Butz&Coodstein（1996）、Oliver（1997）、李秋芳（2005）、李成言（2006）、李蔚（2007）、韩力（2009）、吕维霞、王永贵（2010）
满意度	MY1—MY7	David Osborne、Ted Gaebler（1992）、Lance（1997）、Ruyter（1998）、Dabholkar（2000）、Cronin（2000）、Caruana（2000）、Haksik（2000）、王谦、李锦红（2006）、熊林钟（2007）、邹凯（2008）、Parasuraman&Grewal（2000）、赵楠（2011）
政府信任	XR1—XR16	Sako（1992）、Rousseau et. al.（1998）、Thomas（2003）、Piotr Sztompka（2005）、张康之（2005）、程倩（2006）、徐雷（2007）、徐贵宏（2008）、梁莹（2008）、谢治菊（2012）

本研究中的个人基本属性和大众传媒采用的是类别型变量，廉洁预期、廉洁感知、满意度和政府信任是连续型变量，采用李克特的七等尺度法进行测量。

第三节 预测试及量表的信、效度检验

本研究于2017年3月在成都市进行了预测试调研。预测试主要采用立意抽样的方法，发放方式为本人亲自发放，采用的方法为再测信度调研。本人首先在3月6日采用立意抽样的方法，对成都市的公众进行抽样，发放问卷100份，收回89份，有效问卷为73份。问卷均是现场发放，现场收回，然后对所有问卷进行编号。两周以后，再对同样的人群，使用同样的问卷进行第二次测试。第二次发放73份，收回68份，有效问卷为60份。两次发放过后形成有效配对60对配对问卷。问卷发放中被界定为无效问卷的主要有以下几种情况：一是所有答案均选择同一个答案者；二是填答不完整，有漏答题项者；三是前后答案有明显矛盾者；四是大量题项均选择“一般”选项者。

一、预测试样本数据描述

Kline（1998）表明，当峰度绝对值小于10，偏度绝对值小于3，说明样本呈正态分布。表4－2将详细汇报各测量条款的均值、标准差、偏度、偏度标准误差、峰度、峰度标准误差。

表4－2 预测试样本数据的描述性统计和正态分布

测量项目	样本数	均值	标准差	偏度	偏度标准误差	峰度	峰度标准误差
XX1	60	1.40	0.494	0.419	0.309	－1.889	0.608
XX2	60	3.52	1.455	0.119	0.309	－0.996	0.608

续表

测量项目	样本数	均值	标准差	偏度	偏度标准误差	峰度	峰度标准误差
XX3	60	2.60	0.848	-0.325	0.309	-0.408	0.608
XX4	60	6.10	3.433	0.133	0.309	-1.085	0.608
XX5	60	2.63	0.863	-1.002	0.309	0.010	0.608
XX6	60	2.32	1.000	1.001	0.309	0.983	0.608
XX7	60	3.23	1.125	-1.145	0.309	-0.255	0.608
XX8	60	2.60	0.978	0.329	0.309	0.832	0.608
XX9	60	2.28	0.585	1.970	0.309	2.840	0.608
MT1	60	2.57	1.170	2.299	0.309	6.608	0.608
MT2	60	4.50	1.610	-0.063	0.309	-0.980	0.608
MT3	60	4.88	1.462	-0.094	0.309	-0.989	0.608
MT4	60	3.78	1.530	0.437	0.309	-0.246	0.608
MT5	60	3.33	1.515	1.254	0.309	1.790	0.608
QW1	60	5.92	1.030	-0.695	0.309	-0.191	0.608
QW2	60	5.93	1.039	-0.706	0.309	-0.228	0.608
QW3	60	5.90	0.986	-0.342	0.309	-1.036	0.608
QW4	60	5.98	1.017	-0.767	0.309	-0.035	0.608
QW5	60	6.00	0.921	-0.674	0.309	-0.285	0.608
QW6	60	5.88	1.091	-0.653	0.309	-0.524	0.608
QW7	60	5.60	1.265	-0.961	0.309	1.433	0.608
QW8	60	5.98	1.097	-0.763	0.309	-0.423	0.608
QW9	60	5.68	1.255	-0.751	0.309	-0.023	0.608
QW10	60	5.98	1.017	-0.667	0.309	-0.239	0.608
QW11	60	5.90	1.100	-0.981	0.309	1.171	0.608
QW12	60	6.03	1.134	-1.364	0.309	1.946	0.608
QW13	60	5.77	1.332	-0.800	0.309	-0.319	0.608

续表

测量项目	样本数	均值	标准差	偏度	偏度标准误差	峰度	峰度标准误差
QW14	60	5. 73	1. 300	-0. 822	0. 309	-0. 012	0. 608
QW15	60	5. 57	1. 294	-0. 638	0. 309	-0. 317	0. 608
QW16	60	5. 87	1. 081	-0. 643	0. 309	-0. 493	0. 608
QW17	60	5. 53	1. 200	-0. 233	0. 309	-1. 300	0. 608
QW18	60	5. 67	1. 130	-0. 176	0. 309	-1. 366	0. 608
QW19	60	5. 62	1. 166	-0. 259	0. 309	-1. 400	0. 608
QW20	60	5. 68	1. 127	-0. 292	0. 309	-1. 288	0. 608
QW21	60	6. 00	0. 974	-0. 683	0. 309	-0. 493	0. 608
QW22	60	6. 00	1. 105	-1. 014	0. 309	0. 319	0. 608
QW23	60	6. 05	0. 982	-0. 770	0. 309	-0. 401	0. 608
QW24	60	5. 57	1. 226	-0. 473	0. 309	-0. 308	0. 608
QW25	60	5. 98	1. 033	-0. 729	0. 309	-0. 593	0. 608
QW26	60	5. 98	1. 022	-0. 633	0. 309	-0. 784	0. 608
QW27	60	5. 90	1. 100	-0. 744	0. 309	-0. 428	0. 608
QW28	60	5. 90	1. 085	-0. 538	0. 309	-1. 014	0. 608
QW29	60	5. 83	1. 011	-0. 671	0. 309	-0. 117	0. 608
QW30	60	6. 03	0. 991	-0. 933	0. 309	0. 432	0. 608
QW31	60	5. 77	1. 064	-0. 474	0. 309	-0. 612	0. 608
QW32	60	5. 90	1. 115	-0. 858	0. 309	-0. 026	0. 608
QW33	60	5. 62	1. 223	-0. 482	0. 309	-0. 429	0. 608
QW34	60	5. 70	1. 169	-0. 372	0. 309	-1. 094	0. 608
QW35	60	5. 77	1. 140	-0. 656	0. 309	-0. 464	0. 608
QW36	60	5. 45	1. 213	-0. 292	0. 309	-0. 591	0. 608
QW37	60	5. 52	1. 228	-0. 466	0. 309	-0. 388	0. 608

续表

测量项目	样本数	均值	标准差	偏度	偏度标准误差	峰度	峰度标准误差
QW38	60	5.73	1.163	-0.860	0.309	0.576	0.608
GZ1	60	3.37	1.461	0.172	0.309	-0.496	0.608
GZ2	60	4.02	1.501	0.188	0.309	-0.683	0.608
GZ3	60	4.23	1.320	0.285	0.309	-0.105	0.608
GZ4	60	4.45	1.241	0.118	0.309	-0.286	0.608
GZ5	60	4.63	1.275	-0.283	0.309	0.591	0.608
GZ6	60	4.52	1.269	-0.039	0.309	0.576	0.608
GZ7	60	4.72	1.075	0.259	0.309	0.052	0.608
GZ8	60	3.90	1.362	0.103	0.309	-0.204	0.608
GZ9	60	4.53	1.142	0.233	0.309	-0.117	0.608
GZ10	60	4.62	1.091	0.258	0.309	-0.174	0.608
GZ11	60	4.35	1.233	0.302	0.309	0.035	0.608
GZ12	60	4.58	1.013	0.220	0.309	0.113	0.608
GZ13	60	4.85	1.162	0.101	0.309	-0.527	0.608
GZ14	60	5.18	1.269	-0.048	0.309	-1.002	0.608
GZ15	60	4.62	1.180	0.095	0.309	0.041	0.608
GZ16	60	4.77	1.047	-0.426	0.309	1.652	0.608
GZ17	60	4.77	0.945	0.616	0.309	-0.192	0.608
GZ18	60	4.45	1.141	-0.050	0.309	-0.629	0.608
GZ19	60	4.75	1.230	-0.067	0.309	-0.566	0.608
GZ20	60	4.57	1.345	0.113	0.309	-0.758	0.608
GZ21	60	4.63	1.041	0.517	0.309	-0.344	0.608
GZ22	60	5.20	1.190	-0.277	0.309	-0.326	0.608
GZ23	60	4.98	1.127	-0.260	0.309	-0.354	0.608

续表

测量项目	样本数	均值	标准差	偏度	偏度标准误差	峰度	峰度标准误差
GZ24	60	4.72	1.075	0.174	0.309	-0.212	0.608
GZ25	60	4.27	1.326	-0.061	0.309	-0.390	0.608
GZ26	60	4.42	1.225	-0.229	0.309	0.113	0.608
GZ27	60	4.13	1.321	0.203	0.309	-0.454	0.608
GZ28	60	3.83	1.498	0.326	0.309	-1.020	0.608
GZ29	60	4.25	1.129	0.288	0.309	0.059	0.608
GZ30	60	4.68	1.186	-0.045	0.309	-0.227	0.608
GZ31	60	4.67	1.084	0.132	0.309	-0.145	0.608
GZ32	60	4.65	1.071	-0.020	0.309	0.415	0.608
GZ33	60	4.72	1.136	0.444	0.309	-0.570	0.608
GZ34	60	4.70	1.139	-0.088	0.309	-0.674	0.608
GZ35	60	4.47	1.112	-0.105	0.309	1.006	0.608
GZ36	60	4.98	1.066	0.382	0.309	-0.762	0.608
GZ37	60	4.90	1.349	-0.112	0.309	-0.241	0.608
GZ38	60	5.02	1.127	-0.034	0.309	-0.893	0.608
MY1	60	4.50	1.127	-0.220	0.309	-0.537	0.608
MY2	60	4.07	1.133	0.299	0.309	-0.752	0.608
MY3	60	4.80	1.086	-0.243	0.309	-0.341	0.608
MY4	60	4.90	1.130	-0.744	0.309	0.000	0.608
MY5	60	4.83	1.237	-1.005	0.309	1.488	0.608
MY6	60	3.72	1.708	0.291	0.309	-1.107	0.608
MY7	60	5.02	1.127	-0.401	0.309	0.385	0.608
XR1	60	4.35	1.436	-0.612	0.309	-0.178	0.608
XR2	60	4.72	1.106	-0.185	0.309	-0.129	0.608

续表

测量项目	样本数	均值	标准差	偏度	偏度标准误差	峰度	峰度标准误差
XR3	60	5.73	1.233	-0.870	0.309	0.282	0.608
XR4	60	4.62	1.106	-0.034	0.309	-0.149	0.608
XR5	60	4.88	1.091	0.076	0.309	-0.349	0.608
XR6	60	4.80	1.102	-0.217	0.309	-0.464	0.608
XR7	60	4.25	1.257	0.248	0.309	-0.743	0.608
XR8	60	4.77	1.140	-0.160	0.309	0.104	0.608
XR9	60	4.43	1.240	0.378	0.309	-0.221	0.608
XR10	60	4.73	1.056	0.294	0.309	0.147	0.608
XR11	60	5.63	1.402	-0.875	0.309	-0.089	0.608
XR12	60	5.18	1.081	-0.462	0.309	0.430	0.608
XR13	60	4.98	1.127	-0.407	0.309	0.195	0.608
XR14	60	4.98	1.242	-0.572	0.309	0.839	0.608
XR15	60	5.22	1.223	-0.892	0.309	0.693	0.608
XR16	60	5.20	1.219	-0.921	0.309	1.650	0.608

研究结果显示，本研究的峰度绝对值小于10，偏度绝对值小于3，说明样本呈正态分布，可以进行下一步的研究。

二、预测试信、效度检验

（一）预测试信

信度指测验结果的一致性、稳定性及可靠性，一般多以内部一致性来表示该测验信度的高低。信度系数愈高即表示该测验的结果愈一致、稳定与可靠。本研究主要采用再测信度（the retesting method）和 Cronbach's α 信度检测两种方法。

1. 再测信度检测法

再测信度检测法即用同一套试卷在两个不同时间来测试同一批受试者，这样便获得两组分数，然后计算出两组分数的相关系数。当相关系数大于 0.5 时则说明问卷具有时间上的稳定性。

2. 克隆巴赫系数信度检测

克隆巴赫系数（Cronbach's α）信度检测即依一定公式估量测验的内部一致性，作为信度的指标。

一般来说，该系数越高，即工具的信度越高。在基础研究中，信度至少应达到 0.80 才可接受，在探索性研究中，信度只要达到 0.70 就可接受，介于 0.70—0.98 均属高信度，而低于 0.35 则为低信度，必须予以拒绝。

克隆巴赫系数公式 $\alpha = (n/n-1)(1-\sum Si^2/St^2)$

α 为信度系数，n 为测验题目数，Si 为每题各被试得分的方差，St 为所有被试所得总分的方差。

（二）效度检验

效度（test validity）亦称测试的有效性，指一套测试对应该测试的内容所测的程度。也就是说，一套测试是否达到了它预定的目的以及是否测量了它要测量的内容。本研究采用的效度检定方法如下：

1. 表面效度

表面效度（face validity）指测试应达到的卷面标准，即一套测试题从表面看来是否是合适的。若一次阅读理解力的测试包括许多受试者没有学过的方言词汇，则可认为这次测试缺乏表面效度。表面效度是能否测试出受试者正常水平的一种保证因素。

2. 内容效度

内容效度（content validity）指一套测试题是否测试了应该测试的内容或者说所测试的内容是否反映了测试的要求，即测试的代表性和覆盖的程度。本研究在保证内容效度上主要采用的是文献分析法和访谈法。

3. 编制效度（construct validity）

编制效度指一套测试题的诸项目对编制该测试所依据的理论的各个基本方面的反映程度。本研究主要采用聚敛效度和区分效度两个办法进行检测。聚敛效度主要用 CITC 的方法，通过剔除所谓的“垃圾条目”来提升因子的解释力。区分效度主要用探索性因子的方法进行检测。即用 EFA 来进行不同变量间测量差异化程度的一个检测。

（三）检测结果

根据以上的信度效度检测方法，本研究对关键变量逐一进行了检测，检测结果如下：

1. 廉洁预期的信度效度分析

本研究采用 CITC 和 Cronbach's α 来进行信度分析。根据吴明隆（2008）的评判标准，如表 4－3 所示。

表 4－3　可信度高低与 Cronbach'α 系数之对照表

Cronbach'α 系数	正规量表
Cronbach'α 系数 <0.5	非常不理想，舍弃不用
0.5≦Cronbach'α 系数 <0.6	不理想，重新编制或指定
0.6≦Cronbach'α 系数 <0.7	勉强接受，最好增列题项或修改语句
0.7≦Cronbach'α 系数 <0.8	可以接受

续表

Cronbach'α 系数	正规量表
0.8≦Cronbach'α 系数<0.9	佳（信度高）
0.9≦Cronbach'α 系数	非常理想（甚佳，信度非常好）

资料来源：吴明隆．SPSS 操作与应用—问卷统计分析实务［M］．台中：五南图书出版公司，2008：347.

根据以上标准，我们将删掉 Cronbach's α 系数低于 0.5 的题项。同时根据 CITC 的检验标准，如果删掉该题项，其 Cronbach's α 有明显增高，结合这两个标准，我们对所有题项进行了检验。

表 4－4　廉洁预期的 CITC 和信度分析

测量项目	CITC	去除该条目的 α 值	Cronbach α
QW1	0.472	0.982	
QW2	0.647	0.981	
QW3	0.754	0.981	
QW4	0.634	0.981	
QW5	0.619	0.981	
QW6	0.746	0.981	
QW7	0.795	0.981	
QW8	0.76	0.981	404 α =0.981
QW9	0.759	0.981	
QW10	0.777	0.981	
QW11	0.784	0.981	
QW12	0.819	0.981	
QW13	0.722	0.981	
QW14	0.744	0.981	
QW15	0.729	0.981	

续表

测量项目	CITC	去除该条目的 α 值	Cronbach α
QW16	0.752	0.981	404 α =0.981
QW17	0.826	0.981	
QW18	0.802	0.981	
QW19	0.777	0.981	
QW20	0.857	0.98	
QW21	0.737	0.981	
QW22	0.705	0.981	
QW23	0.738	0.981	
QW24	0.775	0.981	
QW25	0.807	0.981	
QW26	0.775	0.981	
QW27	0.767	0.981	
QW28	0.681	0.981	
QW29	0.785	0.981	
QW30	0.726	0.981	
QW31	0.849	0.98	
QW32	0.742	0.981	
QW33	0.774	0.981	
QW34	0.825	0.981	
QW35	0.772	0.981	
QW36	0.834	0.98	
QW37	0.857	0.98	
QW38	0.763	0.981	

根据以上的检验标准，除 QW1 以外，其他题项的 Cronbach's α 均高于0.6，因此剔除 QW1 题项。

为了检验指标之间的相关性，本研究采用巴特莱特球型检验（Bartlett Test of Sphericity）和 KMO（Kaisex-Meyer-Olkin）来判断该变量是否适合做因子分析。KMO 是用于观测相关系数值和偏相关系数值的一个指标，KMO 统计量取值在 0 和 1 之间。当所有变量间的简单相关系数平方和远远大于偏相关系数平方和时，KMO 值接近 1，KMO 值越接近于 1，意味着变量间的相关性越强，原有变量越适合作因子分析；当所有变量间的简单相关系数平方和接近 0 时，KMO 值接近 0，KMO 值越接近于 0，意味着变量间的相关性越弱，原有变量越不适合作因子分析。常用的 KMO 度量标准是：0.9 以上表示非常适合；0.8 表示适合；0.7 表示一般；0.6 表示不太适合；0.5 以下表示极不适合。一般在 0.8 左右可以接受。Bartlett 检验显著性 SIG <0.05 才可以接受。如果满足以上两个要求，则说明适合做因子分析。根据以上两条标准，对廉洁预期进行检测，结果如表 4 – 5 所示。

表 4 – 5　廉洁预期 KMO 和 Bartlett's Test 检验结果

KMO 值		0.842
Bartlett's 球形检验	Approx. Chi – Square	2413.871
	df	703
	Sig.	0.000

根据上述检测标准，结果显示，廉洁预期这一变量适合做因子分析。因此我们对这一变量进一步做主成分分析。本研究的主成分分析是采用 SPSS 软件，对数据做探索性因子分析。王立生（2007）评价标准是当前比较认可的一种评判标准，其认为如果因子载荷两个或者两个以上因子载荷都大于 0.5，或者项目因子载荷均小于 0.5，则说明这种是横跨因子现象，应该删除。如果项目因子载荷小

于0.5，说明其不具有收敛效度也应该删除。当一个项目为一个因子时，其没有内部一致性，也应该删除。根据这个标准，对廉洁预期的维度进行分析，结果如表4-6所示。

表4-6 廉洁预期的维度分析

主成分	初始值			萃取平方和后的值		
	Total	% of Variance	Cumulative %	Total	% of Variance	Cumulative %
1	22.675	59.671	59.671	22.675	59.671	59.671
2	2.000	5.262	64.933	2.000	5.262	64.933
3	1.868	4.916	69.849	1.868	4.916	69.849
4	1.501	3.951	73.800			
5	1.083	2.849	76.649			
6	0.975	2.565	79.214			
7	0.917	2.412	81.626			
8	0.848	2.230	83.856			
9	0.813	2.139	85.995			
10	0.614	1.617	87.611			
11	0.543	1.428	89.040			
12	0.512	1.347	90.387			
13	0.435	1.145	91.532			
14	0.428	1.126	92.658			
15	0.357	0.940	93.598			
16	0.348	0.915	94.513			
17	0.307	0.809	95.322			
18	0.274	0.722	96.044			
19	0.236	0.620	96.664			

续表

主成分	初始值			萃取平方和后的值		
	Total	% of Variance	Cumulative %	Total	% of Variance	Cumulative %
20	0. 199	0. 525	97. 188			
21	0. 166	0. 438	97. 626			
22	0. 157	0. 412	98. 038			
23	0. 116	0. 305	98. 343			
24	0. 110	0. 289	98. 632			
25	0. 100	0. 263	98. 895			
26	0. 073	0. 193	99. 088			
27	0. 064	0. 169	99. 257			
28	0. 059	0. 155	99. 412			
29	0. 047	0. 124	99. 536			
30	0. 044	0. 115	99. 650			
31	0. 034	0. 090	99. 740			
32	0. 028	0. 074	99. 814			
33	0. 019	0. 050	99. 863			
34	0. 018	0. 048	99. 911			
35	0. 015	0. 039	99. 950			
36	0. 009	0. 024	99. 975			
37	0. 005	0. 014	99. 989			
38	0. 004	0. 011	100. 000			

由表4－6可知，分析廉洁预期可以得到三个因子，其特征值分别为22. 675、2. 000和1. 868，累计解释方差69. 849%。

表 4－7　廉洁预期的因子分析

项目	因子		
	因子 1	因子 2	因子 3
QW1	0.406	0.133	0.302
QW2	0.137	0.332	0.704
QW3	0.255	0.444	0.649
QW4	0.354	0.285	0.494
QW5	0.313	0.167	0.635
QW6	0.361	0.373	0.597
QW7	0.440	0.306	0.640
QW8	0.404	0.343	0.610
QW9	0.416	0.154	0.746
QW10	0.241	0.505	0.628
QW11	0.475	0.365	0.538
QW12	0.360	0.485	0.605
QW13	0.118	0.385	0.776
QW14	0.175	0.384	0.749
QW15	0.142	0.308	0.832
QW16	0.441	0.399	0.498
QW17	0.465	0.399	0.586
QW18	0.498	0.312	0.603
QW19	0.389	0.466	0.518
QW20	0.417	0.446	0.655
QW21	0.281	0.312	0.738
QW22	0.373	0.092	0.816
QW23	0.293	0.231	0.812
QW24	0.767	0.343	0.240

续表

项目	因子		
	因子 1	因子 2	因子 3
QW25	0. 723	0. 328	0. 360
QW26	0. 688	0. 283	0. 392
QW27	0. 840	0. 122	0. 388
QW28	0. 785	0. 129	0. 281
QW29	0. 700	0. 321	0. 355
QW30	0. 623	0. 454	0. 192
QW31	0. 725	0. 487	0. 261
QW32	0. 614	0. 494	0. 187
QW33	0. 555	0. 646	0. 140
QW34	0. 432	0. 507	0. 300
QW35	0. 293	0. 716	0. 348
QW36	0. 341	0. 648	0. 259
QW37	0. 326	0. 637	0. 324
QW38	0. 389	0. 568	0. 384

由表 4 - 7 可知，由于 QW1、QW4、QW10、QW16 和 QW33 均属于应该剔除范围，它们大多属于横跨因子现象。我们根据旋转后因子的负荷值，可以观察到各因子载荷均在 0. 5 以上，表示其收敛效度很好。其中 QW1 - QW23 为一个因子，QW24 - QW32 为一个因子，QW33 - QW38 为一个因子。

2. 廉洁感知的信度和效度检验

根据廉洁预期的分析，我们剔除了 QW1、QW4、QW10、QW16 和 QW33，然后对廉洁感知进行 CITC 和 Cronbach's α 检测。

表4-8　廉洁感知的 CITC 和信度分析

测量项目	CITC	去除该条目的 α 值	Cronbach α
GZ2	0.459	0.971	
GZ3	0.703	0.969	
GZ5	0.74	0.969	
GZ6	0.765	0.969	
GZ7	0.747	0.969	
GZ8	0.696	0.969	
GZ9	0.724	0.969	
GZ11	0.736	0.969	
GZ12	0.683	0.97	
GZ13	0.587	0.97	
GZ14	0.557	0.969	
GZ15	0.783	0.969	
GZ17	0.683	0.969	α = 0.970
GZ18	0.686	0.969	
GZ19	0.711	0.969	
GZ20	0.701	0.969	
GZ21	0.703	0.97	
GZ22	0.584	0.97	
GZ23	0.595	0.969	
GZ24	0.72	0.969	
GZ25	0.771	0.969	
GZ26	0.761	0.969	
GZ27	0.768	0.969	
GZ28	0.719	0.969	
GZ29	0.717	0.969	

续表

测量项目	CITC	去除该条目的 α 值	Cronbach α
GZ30	0.685	0.969	α = 0.970
GZ31	0.749	0.969	
GZ32	0.675	0.969	
GZ34	0.752	0.969	
GZ35	0.704	0.969	
GZ36	0.749	0.969	
GZ37	0.723	0.969	
GZ38	0.72	0.969	

由表4－8可知，GZ2低于0.5不符合标准，应该剔除，其他题项均大于0.5符合要求。剔除GZ2后整体的Cronbach's α 值变为0.971。接下来对剩下的32个题项做探索性因子分析。

表4－9　廉洁感知的KMO和Bartlett's Test检验结果

KMO值		0.799
Bartlett's 球形检验	Approx. Chi－Square	2995.750
	df	703
	Sig.	0.000

由表4－9可知，廉洁感知的KMO值为0.799，Bartlett's Test检验结果中P值为0.000，具有显著性，说明该变量适合做因子分析。因为适合做因子分析，接下来采用主成分分析的方法来进行维度分析。

表4－10　廉洁感知的维度分析

主成分	初始值			萃取平方和后的值			正交旋转后的值		
	Total	% of Variance	Cumulative %	Total	% of Variance	Cumulative %	Total	% of Variance	Cumulative %
1	17.040	53.251	53.251	17.040	53.251	53.251	8.368	26.151	26.151

续表

主成分	初始值			萃取平方和后的值			正交旋转后的值		
	Total	% of Variance	Cumulative %	Total	% of Variance	Cumulative %	Total	% of Variance	Cumulative %
2	2.275	7.110	60.361	2.275	7.110	60.361	6.791	21.221	47.372
3	2.018	6.306	66.667	2.018	6.306	66.667	6.174	19.294	66.667
4	1.381	4.316	70.983						
5	1.124	3.511	74.494						
6	1.001	3.129	77.623						
7	0.884	2.762	80.385						
8	0.716	2.239	82.624						
9	0.658	2.057	84.680						
10	0.602	1.881	86.561						
11	0.551	1.721	88.282						
12	0.448	1.399	89.680						
13	0.393	1.228	90.909						
14	0.360	1.125	92.034						
15	0.332	1.036	93.070						
16	0.310	0.970	94.040						
17	0.263	0.823	94.863						
18	0.231	0.721	95.584						
19	0.216	0.674	96.258						
20	0.206	0.644	96.902						
21	0.187	0.585	97.487						
22	0.148	0.462	97.949						
23	0.130	0.406	98.355						
24	0.117	0.366	98.720						
25	0.089	0.278	98.998						
26	0.080	0.252	99.250						
27	0.065	0.203	99.453						
28	0.045	0.142	99.595						
29	0.042	0.132	99.727						
30	0.041	0.127	99.854						

续表

主成分	初始值			萃取平方和后的值			正交旋转后的值		
	Total	% of Variance	Cumulative %	Total	% of Variance	Cumulative %	Total	% of Variance	Cumulative %
31	0.029	0.091	99.946						
32	0.017	0.054	100.000						

由表4－10可知，廉洁感知可以分为三个因子，其特征值分别是17.040、2.275和6.306，累计解释方差为66.667%。

表4－11 廉洁感知的因子分析

项目	因子		
	因子1	因子2	因子3
GZ3	0.196	0.331	0.714
GZ5	0.393	0.399	0.540
GZ6	0.405	0.411	0.560
GZ7	0.290	0.492	0.585
GZ8	0.215	0.174	0.835
GZ9	0.238	0.481	0.597
GZ11	0.239	0.592	0.514
GZ12	0.099	0.560	0.621
GZ13	0.034	0.322	0.778
GZ14	0.201	0.064	0.830
GZ15	0.356	0.465	0.600
GZ17	0.375	0.389	0.479
GZ18	0.496	0.091	0.599
GZ19	0.212	0.237	0.783
GZ20	0.175	0.277	0.759
GZ21	0.293	0.248	0.674

续表

项目	因子		
	因子 1	因子 2	因子 3
GZ22	0. 474	-0. 020	0. 641
GZ23	0. 395	-0. 024	0. 760
GZ24	0. 486	0. 548	0. 266
GZ25	0. 520	0. 611	0. 212
GZ26	0. 395	0. 690	0. 259
GZ27	0. 469	0. 739	0. 109
GZ28	0. 431	0. 788	0. 010
GZ29	0. 341	0. 745	0. 131
GZ30	0. 345	0. 612	0. 235
GZ31	0. 162	0. 782	0. 343
GZ32	0. 186	0. 742	0. 221
GZ34	0. 625	0. 337	0. 351
GZ35	0. 665	0. 369	0. 177
GZ36	0. 656	0. 260	0. 405
GZ37	0. 621	0. 417	0. 219
GZ38	0. 606	0. 300	0. 366

由表 4 - 11 可知，GZ11、GZ12 和 GZ25 属于横跨因子现象，应该删掉，而 GZ17 的因子载荷小于 0. 5 也应该删掉。通过观察其各因子负荷值，我们可以看到删掉以上题项后，其他因子负荷值均大于 0. 5，说明其收敛效度很好。其中题项 GZ3 - GZ23 为一个因子，GZ24 - GZ32 为一个因子，GZ34 - GZ38 为一个因子。

3. 满意度的信度和效度分析

首先对满意度进行 CITC 和 Cronbach's α 检测，检验结果如表 4 - 11所示。

表 4 - 12 满意度的 CITC 和信度检验

测量项目	CITC	去除该条目的 Alpha 值	Cronbach α
MY1	0. 758	0. 839	α = 0. 871
MY2	0. 664	0. 851	
MY3	0. 755	0. 841	
MY4	0. 74	0. 842	
MY5	0. 688	0. 847	
MY6	0. 544	0. 881	
MY7	0. 514	0. 869	

由表 4 - 12 可知，各题项的 CITC 值均在 0. 5 以上，且总量表的 Cronbach's α 为 0. 871，说明该量表具有较高的信度，符合研究的要求。

对上述测量题项进行 KMO 和 Bartlett's Test 分析，结论如表 4 - 13 所示。

表 4 - 13 满意度的 KMO 和 Bartlett's Test 检验结果

KMO 值		0. 800
Bartlett's 球形检验	Approx. Chi - Square	252. 711
	df	21
	Sig.	0. 000

由表 4 - 13 可知，满意度的 KMO 值为 0. 800，Bartlett's Test 检验结果中 p 值为 0. 000，表示该变量适合做因子分析。因此下一步采用主成分分析方法进行探索性因子分析。

表 4 - 14　满意度的维度分析

主成分	初始值			萃取平方和后的值			正交旋转后的值		
	Total	% of Variance	Cumulative %	Total	% of Variance	Cumulative %	Total	% of Variance	Cumulative %
1	4.148	59.259	59.259	4.148	59.259	59.259	2.820	40.284	40.284
2	1.221	17.436	76.695	1.221	17.436	76.695	2.549	36.411	76.695
3	0.541	7.731	84.427						
4	0.387	5.528	89.955						
5	0.315	4.507	94.462						
6	0.266	3.801	98.263						
7	0.122	1.737	100.000						

由表 4 - 14 可知，分析满意度可以得到两个因子，其特征值分别为 4.148 和 1.221，累计解释方差为 76.695%，对其进行正交旋转，可得到其因子分析如表 4 - 15 所示。

表 4 - 15　满意度的因子分析

项目	因子		
	因子 1	因子 2	因子 3
MY1	0.399	0.791	
MY2	0.206	0.872	
MY3	0.679	0.513	
MY4	0.906	0.255	
MY5	0.803	0.318	
MY6	0.855	0.104	
MY7	0.824	0.047	

由表 4 - 15 可知，MY3 存在横跨因子现象，应该剔除。MY1 和 MY2 为一个因子，余下的为另一个因子。

4. 政府信任

首先对政府信任进行 CITC 和信度检验，检验结果如表 4－16 所示。

表 4－16 政府信任的 CITC 和信度检验

测量项目	CITC	去除该条目的 α 值	Cronbach α
XR1	0. 676	0. 939	α = 0. 942（剔除 XR3 后为 0. 944）
XR2	0. 818	0. 936	
XR3	0. 472	0. 944	
XR4	0. 725	0. 938	
XR5	0. 698	0. 939	
XR6	0. 624	0. 94	
XR7	0. 593	0. 941	
XR8	0. 786	0. 937	
XR9	0. 687	0. 939	
XR10	0. 722	0. 938	
XR11	0. 559	0. 942	
XR12	0. 671	0. 939	
XR13	0. 797	0. 936	
XR14	0. 762	0. 937	
XR15	0. 763	0. 937	
XR16	0. 773	0. 937	

根据前文所述的 CITC 和 Cronbach's α 的检验标准，XR3 的 CITC 值低于 0. 5，应该剔除，剔除后，其他题项的 CITC 值均大于 0. 5，且总量表的 Cronbach's α 值将从原来的 0. 942 提升为 0. 944。说明以上量表具有较高的信度。

剔除 XR3 后，对剩余题项进行 KMO 分析和 Bartlett's Test 分析，结果如表 4－17 所示。

表 4-17 政府信任的 KMO 和 Bartlett's Test 分析

KMO 值		0.835
Bartlett's 球形检验	Approx. Chi-Square	876.726
	df	120
	Sig.	0.000

由表 4-17 可知，KMO 值为 0.835，而 Bartlett's 球形检验的 P 值为 0.000，具有显著性。这说明该变量适合做因子分析。

根据表 4-18 的维度分析，可知，政府信任可以分为三个维度，其特征值分别是 8.820，2.055 和 1.052，累计解释方差为 74.542%。

表 4-18 政府信任的维度分析

主成分	初始值			萃取平方和后的值			正交旋转后的值		
	Total	% of Variance	Cumulative %	Total	% of Variance	Cumulative %	Total	% of Variance	Cumulative %
1	8.820	55.125	55.125	8.820	55.125	55.125	4.812	30.078	30.078
2	2.055	12.842	67.967	2.055	12.842	67.967	4.449	27.808	57.885
3	1.052	6.575	74.542	1.052	6.575	74.542	2.665	16.657	74.542
4	0.771	4.819	79.362						
5	0.659	4.116	83.478						
6	0.571	3.569	87.047						
7	0.482	3.012	90.059						
8	0.348	2.174	92.233						
9	0.329	2.055	94.288						
10	0.285	1.782	96.070						
11	0.173	1.083	97.153						
12	0.154	0.963	98.116						
13	0.113	0.708	98.824						
14	0.078	0.488	99.312						
15	0.057	0.355	99.667						
16	0.053	0.333	100.000						

由表4-19可知，旋转后的因子负载值均大于0.5，表示其收敛度很好。其中XR1-XR6为一个因子，XR7-XR12为一个因子，XR13-X16为一个因子。

表4-19 政府信任的因子分析

项目	因子		
	1	2	3
XR1	0.162	0.796	0.288
XR2	0.360	0.810	0.246
XR4	0.363	0.741	0.159
XR5	0.227	0.804	0.372
XR6	0.124	0.834	0.351
XR7	0.001	0.289	0.842
XR8	0.440	0.276	0.666
XR9	0.299	0.491	0.515
XR10	0.272	0.487	0.595
XR11	0.397	-0.122	0.802
XR12	0.477	0.212	0.583
XR13	0.846	0.308	0.208
XR14	0.800	0.381	0.112
XR15	0.806	0.456	-0.006
XR16	0.834	0.282	0.215

通过预测试，我们发现，本研究的问卷总体还是合理的，根据各信度效度的相关指标规定，我们剔除了一些不合适的题项，并对问卷进行重新排序，形成正式问卷。

第四节　正式调查与信效度检验

一、正式调查过程与样本概况

正式调研于 2017 年 5—10 月展开，为期 6 个月。根据多年的工作经验，结合尽量选择分布中国的东西南北中的原则，我们选择了北京、武汉、福州、太原、宁夏、成都 6 个城市进行调研。问卷的抽样采取分群分层抽样和立意抽样（判断抽样）相结合的方式。在每一个城市调研之前，我们都先进行大面积的访谈，试图弄清楚哪些人群对廉洁问题感知比较明确，哪些人群对廉洁问题的感知比较一般，哪些人群对廉洁问题基本没接触，抽样的时候对三个人群进行分群抽样。同时，通过各城市的人口统计数据的查询，根据以上六个城市的人口特征进行同比例的抽样，尽可能使得样本无限接近母体。我们在每个城市根据其人口比例特征和对腐败问题的关注程度进行投放，总共发放问卷 2400 份，收回 2200 份，按照以下标准剔除无效问卷：第一，全部答案选择同一个的；第二，填答不完整者；第三，前后答案明显矛盾者；第四，大量选择不确定者。剔除无效问卷后，最后获得有效问卷 1809 份，有效率为 75. 38%。对本调查的群众进行基本情况统计，结果如表 4 – 20 所示。

表 4 – 20　样本的人口统计特征

统计内容	类别	人数	所占百分比（%）
性别	男	1020	56. 4%
	女	789	43. 6%

续表

统计内容	类别	人数	所占百分比（%）
年龄	19 岁（含）以下	98	5.4%
	20—29 岁	698	38.6%
	30—39 岁	568	31.4%
	40—49 岁	222	12.3%
	50—59 岁	139	7.7%
	60 岁（含）以上	84	4.6%
教育程度	初中（含）以下	220	12.2%
	高中（职）	514	28.4%
	专科或本科	870	48.1%
	研究生（含）以上	205	11.3%
职业	公务员	231	12.8%
	军人	135	7.5%
	教师	188	10.4%
	商业	270	14.9%
	农牧渔业	27	1.5%
	制造业	95	5.3%
	服务业	291	16.1%
	自由业	176	9.7%
	学生	97	5.4%
	失业	80	4.4%
	退休	65	3.6%
	其他	154	8.5%
婚姻状况	未婚	528	29.2%
	已婚，无小孩	351	19.4%
	已婚，有小孩	841	46.5%
	离异	89	4.9%

续表

统计内容	类别	人数	所占百分比（%）
月收入	2000元及以下	379	21.0%
	2001—5000元	906	50.1%
	5001—8000元	359	19.8%
	8001—10000元	84	4.6%
	10000元以上	81	4.5%
政治面貌	中共党员（含预备党员）	468	25.9%
	民主党派	50	2.8%
	团员	225	12.4%
	群众	1066	58.9%
居住位置	东部	109	6.0%
	南部	148	8.2%
	西部	386	21.3%
	北部	756	41.8%
	中部	410	22.7%
城市类别	一线大城市	311	17.2%
	二线省会城市	1052	58.2%
	三线城市	240	13.3%
	乡镇及其以下	206	11.4%

二、正式调查的信度、效度检验

因为在后面的章节我们会详细地分析各题项的探索性因子分析，所以在本节我们采用CITC和Cronbach's α来进行信度检验，检验结果如表4－21所示。

表 4－21 正式问卷各题项的 CITC 和信度检验

变量	测量项目	CITC	剔除该条目的 α 值	Cronbach α
腐败预期	QW1	0.597	0.971	α＝0.971
	QW2	0.65	0.97	
	QW3	0.501	0.971	
	QW4	0.648	0.97	
	QW5	0.673	0.97	
	QW6	0.661	0.97	
	QW7	0.511	0.971	
	QW8	0.692	0.97	
	QW9	0.711	0.97	
	QW10	0.825	0.969	
	QW11	0.823	0.969	
	QW12	0.83	0.969	
	QW13	0.841	0.969	
	QW14	0.846	0.969	
	QW15	0.846	0.969	
	QW16	0.831	0.969	
	QW17	0.565	0.972	
	QW18	0.646	0.971	
	QW19	0.846	0.969	
	QW20	0.843	0.969	
	QW21	0.843	0.969	
	QW22	0.858	0.969	
	QW23	0.847	0.969	
	QW24	0.85	0.969	
	QW25	0.848	0.969	
	QW26	0.839	0.969	
	QW27	0.842	0.969	
	QW28	0.795	0.969	

续表

变量	测量项目	CITC	剔除该条目的 α 值	Cronbach α
腐败感知	GZ1	0.734	0.987	α = 0.987
	GZ2	0.77	0.987	
	GZ3	0.783	0.987	
	GZ4	0.78	0.987	
	GZ5	0.745	0.987	
	GZ6	0.757	0.987	
	GZ7	0.782	0.987	
	GZ8	0.778	0.987	
	GZ9	0.799	0.987	
	GZ10	0.885	0.986	
	GZ11	0.882	0.986	
	GZ12	0.886	0.986	
	GZ13	0.791	0.987	
	GZ14	0.898	0.986	
	GZ15	0.899	0.986	
	GZ16	0.886	0.986	
	GZ17	0.894	0.986	
	GZ18	0.897	0.986	
	GZ19	0.889	0.986	
	GZ20	0.896	0.986	
	GZ21	0.893	0.986	
	GZ22	0.889	0.986	
	GZ23	0.901	0.986	
	GZ24	0.898	0.986	
	GZ25	0.9	0.986	
	GZ26	0.884	0.986	
	GZ27	0.872	0.986	
	GZ28	0.87	0.986	

续表

变量	测量项目	CITC	剔除该条目的 α 值	Cronbach α
满意度	MY1	0.82	0.93	$\alpha=0.941$
	MY2	0.857	0.926	
	MY3	0.838	0.928	
	MY4	0.826	0.929	
	MY5	0.771	0.937	
	MY6	0.831	0.928	
政府信任	XR1	0.825	0.974	$\alpha=0.976$
	XR2	0.869	0.974	
	XR3	0.841	0.974	
	XR4	0.695	0.977	
	XR5	0.869	0.974	
	XR6	0.854	0.974	
	XR7	0.813	0.975	
	XR8	0.871	0.974	
	XR9	0.872	0.974	
	XR10	0.806	0.975	
	XR11	0.859	0.974	
	XR12	0.877	0.973	
	XR13	0.888	0.973	
	XR14	0.874	0.974	
	XR15	0.883	0.973	

由表4－21可知，所有题项的CITC值均大于0.5，而廉洁预期、廉洁感知、满意度和政府信任四大板块的题项各自的总体Cronbach's α 均大于0.9，说明题项具有较高的信度。

表 4－22 各研究变量探索性因子分析

变量名称	KMO	Bartlett 球形检验卡方检验值	Bartlett 球形检验自由度	Sig
廉洁预期	0.985	54565.758	378	0.000
廉洁感知	0.988	73595.117	378	0.000
满意度	0.913	9508.789	15	0.000
政府信任	0.978	32060.309	105	0.000

由表 4－22 可知，各变量的 KMO 值均大于 0.9，且 Bartlett 球形检验的显著性的值均为 0.000，这表明各变量均适合做因子分析。

综上所述，正式问卷经过 CITC 检定和 Cronbach's α 进行效度检验，发现正式问卷具有良好的信度，而通过探索性因子分析，我们可以发现各变量的效度均比较好。这表明问卷具有良好的信度和效度，可以进一步对研究的数据进行统计和分析，统计结果具有较强的说服力。

第五章

廉洁感知的结构及其影响因素研究

本章将对廉洁感知的结构通过探索性因子分析和验证性因子分析进行确定，并详细分析不同个人基本属性的廉洁感知有何不同，分析大众传媒与廉洁感知的关系。

第一节　廉洁感知的探索性因子分析

根据文献分析，我们在第三章第二节提出了研究假设 H1：公众廉洁感知是四维结构。即公众对腐败的感知主要是公众自身的廉洁感知、对政府机构的廉洁感知、对立法机构的廉洁感知和对监督机构的廉洁感知。我们通过预测试和正式测试的信效度检验发现，廉洁感知适合做因子分析，而通过文献综述我们发现，目前对廉洁感知到底有几个因子还没有确定，因此本文通过探索性因子和验证性因子以及模型拟合比较来确定到底廉洁感知由几个因子构成。首先我们采用最大方差主成分分析法进行探索性因子分析，探索性因子分析的结果如表 5 -1 所示。

表 5－1　廉洁感知的探索性因子分析

测量题目	因子 1	因子 2	因子 3
GZ1：在与政府打交道中工作人员不会主动向我索要贿赂	0.356	0.744	0.228
GZ2：政府给当地媒体（电视新闻、报刊评论）的环境宽松	0.389	0.809	0.116
GZ3：当地政府部门采购的竞标过程公开透明	0.382	0.822	0.159
GZ4：当地政府会主动公示招商引资招投标项目的运作情况	0.382	0.829	0.133
GZ5：当地做生意不需要花费与政府部门的交际费用	0.372	0.828	0.039
GZ6：我知道举报政府部门工作人员腐败的方法及程序	0.373	0.721	0.308
GZ7：政府部门会公布办事制度、程序	0.386	0.608	0.602
GZ8：政府通过公众信息网提供公共服务平台	0.384	0.598	0.616
GZ9：当地政府审批特许经营权的过程透明公正	0.416	0.629	0.528
GZ10：当地政府能够有效查处公款吃喝不正之风	0.37	0.798	0.221
GZ11：当地政府部门会公开财政预算	0.332	0.805	0.269
GZ12：当地政府的各个单位和机构没有“小金库”	0.344	0.817	0.222
GZ13：当地政府部门工作人员办事公正	0.276	0.744	0.244
GZ14：当地政府部门具有“以民为本”的公共服务意识	0.345	0.815	0.27
GZ15：若公民与政府发生纠纷，公民的利益能够得到保护	0.365	0.814	0.233
GZ16：当地人民代表大会的工作程序公开	0.806	0.343	0.261
GZ17：当地的司法系统工作人员廉洁公正	0.826	0.364	0.183

续表

测量题目	因子1	因子2	因子3
GZ18：当地人大或司法系统的领导干部有腐败问题就会受到查处	0.835	0.377	0.139
GZ19：当地检察院纠正与惩处行政机构腐败行为的力度合适	0.826	0.375	0.141
GZ20：反腐倡廉的各项规章制度在当地能够很好地贯彻	0.842	0.365	0.14
GZ21：当地的人大代表能在人大会议上传达群众意愿	0.838	0.354	0.162
GZ22：当地举报政府部门工作人员的行为是有作用的	0.841	0.351	0.143
GZ23：当地腐败行为能在群众举报后得到查处	0.851	0.348	0.163
GZ24：当地的反腐机构能够向公众负责	0.14	0.367	0.842
GZ25：当地反腐机构的工作人员如有腐败现象，也会被查处	0.151	0.373	0.836
GZ26：您能通过有关机构了解到政府部门公共支出的情况	0.13	0.366	0.829
GZ27：领导干部个人财产状况申报制度完善	0.091	0.371	0.825
GZ28：当地反腐机构能够有效发挥作用	0.158	0.39	0.787
Cronbach α 系数	0.978	0.971	0.965
KMO	0.988		
Bartlett's Test of Sphericity sig.	0.000		
特征值	7.329	14.100	1.909
总体解释变异量（%）	83.349		

由表5-1可知，廉洁感知在探索性因子分析后得到三个因子，其特征值分别是14.100、7.329和1.909，其总体解释变异量为

83.349%。我们通过分析各因子的负荷值可以发现其值均大于0.5，说明其收敛效度很好，通过对其的聚合状态分析，我们可以发现，GZ1－GZ15为一个因子，GZ16－GZ23为一个因子，GZ24－28为一个因子，对比预测试的因子分析，我们发现两次结论比较一致。根据行政学的相关知识我们知道，我们可以把行政机构分为政府机构、立法机构和监督机构。说明公众自身对政府的廉洁感知和政府所自身体现出来的廉洁感知，在被试的理解中是一个概念，这也与行政学的相关知识吻合。因此我们分别给这三个变量命名为公众对政府机构廉洁感知、公众对立法机构廉洁感知和公众对监督机构的廉洁感知。为了下文在验证性因子时符合其命名要求，我们简称：政府机构、立法机构和监督机构。

第二节 廉洁感知的验证性因子分析

为了进一步验证廉洁感知是否如探索性因子分析所示是由三因素构成，我们进一步进行了验证性因子分析，验证性因子分析采用LISREL 18.70软件进行结构方程的模型拟合，并通过其与备选模型进行对比，从而得出最佳模型，确定廉洁感知的因子构成。

对于验证性因子的拟合指数，目前比较公认的标准如表5－2所示。

表5－2 验证性因子的拟合指数评价标准111

指标	χ^2	DF $\frac{\chi^2}{df}$ GFI	$AGFI$	NFI	CFI	IFI	$RMSEA$
评价标准	$2<\chi^2<5$	>0.9	>0.9	>0.9	>0.9	>0.9	<0.08

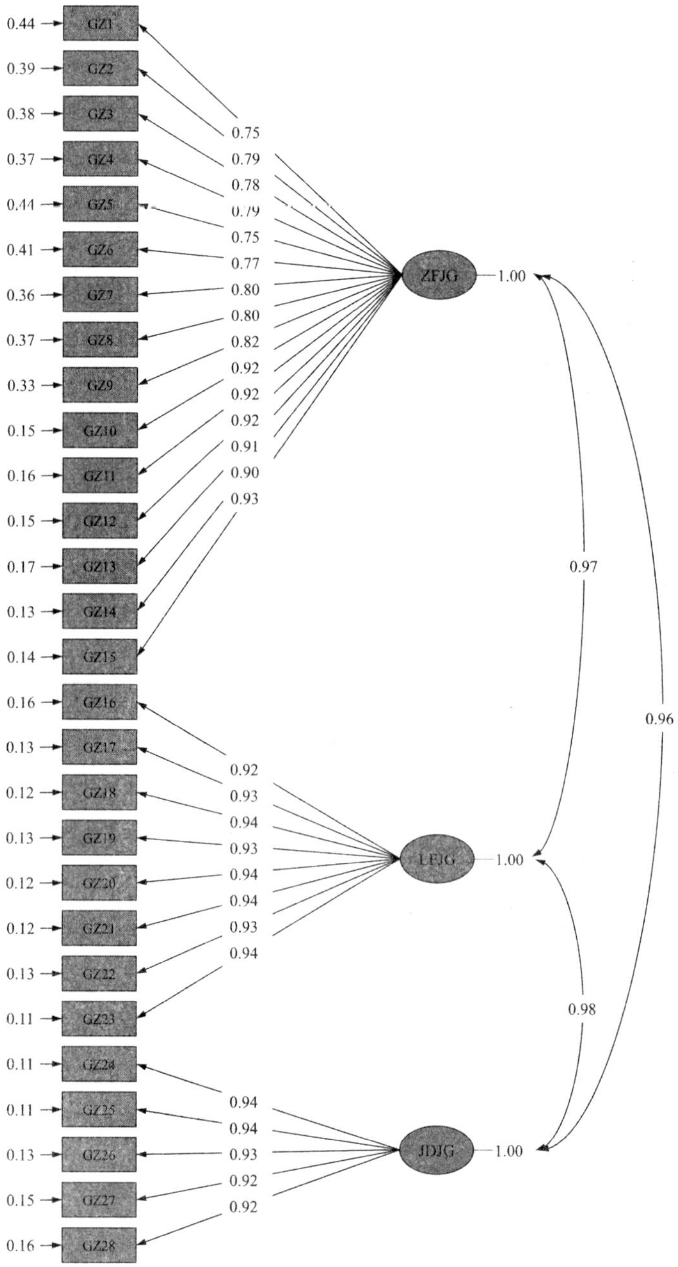

图5-1 廉洁感知的验证性因子分析

根据上表所示的评价标准，对廉洁感知的验证性因子的拟合指数进行检查，如表5－3所示。

表5－3 廉洁感知验证性因子模型拟合指数

指标	χ^2	DF $\frac{\chi^2}{df}$ GFI	$AGFI$	NFI	CFI	IFI	$RMSEA$
评价标准	$2<\chi^2<5$	>0.9	>0.9	>0.9	>0.9	>0.9	<0.08
验证模型	4.89	0.90	0.91	0.97	0.97	0.97	0.018

研究结果显示，廉洁感知的三因子划分的验证性因子各拟合指数均符合标准。为了更加确定廉洁感知是三因子而不是一因子或者其他，我们进一步对备择模型进行了拟合。

表5－4 廉洁感知验证性因子备择模型拟合指数对比

指标	χ^2	DF $\frac{\chi^2}{df}$ GFI	$AGFI$	NFI	CFI	IFI	$RMSEA$
评价标准	$2<\chi^2<5$	>0.9	>0.9	>0.9	>0.9	>0.9	< 0.08
虚无模型	22139.61	350					
一因素模型	22139.61	350 63.26 0.53	0.46	0.97	0.97	0.97	0.19
三因素模型	1696.83	347 4.89 0.90	0.91	0.97	0.97	0.97	0.018

由表5－4可知，三因素模型在拟合指数上是完全符合标准的，而一因素模型在拟合指数上$\frac{\chi^2}{df}$，GFI，AGFI和RMSEA等多项指标均不符合评价标准，我们发现备择模型中的虚无模型和一因素模型均不是最优模型，通过三个模型的对比，我们发现三因素模型才是最优模型。在进行了探索性因子分析、验证性因子分析以及备择模型最优选择的过程后，我们发现廉洁感知是由三因素构成的，分别是公众对政府机构廉洁感知、公众对立法机构廉洁感知和公众对监督机构的廉洁感知。

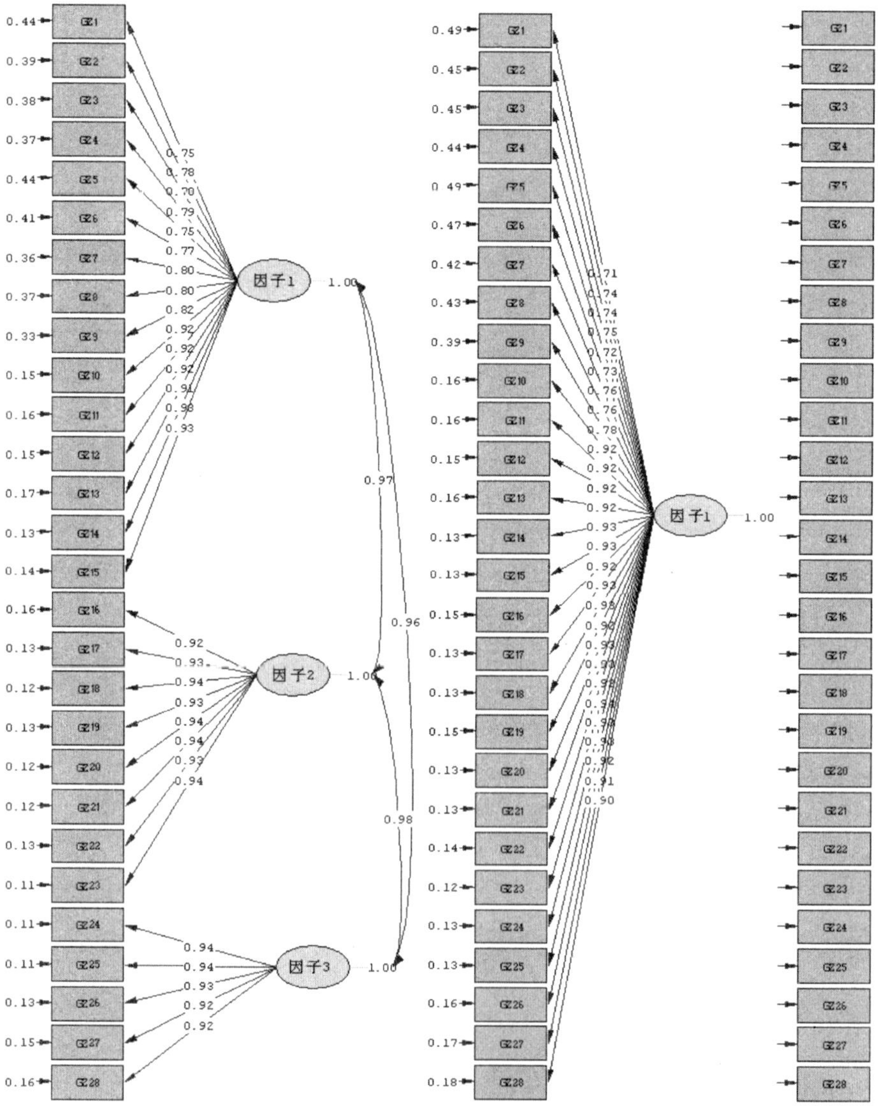

图5-2　廉洁感知因子备择模型对比示意图

第三节　个人基本属性与廉洁感知的关系

根据文献搜索，我们发现以下的个人基本属性可能会对廉洁感知产生影响，因此我们就对性别、年龄、受教育程度、职业、婚姻状况、收入、政治面貌、居住位置和城市类别这几个可能产生影响的因素一一进行验证分析，试图寻找到哪些个人属性会影响到廉洁感知，从而针对不同的群体进行分类引导。

一、性别与廉洁感知的关系

本节对假设 H3a：不同性别的公众，廉洁感知存在显著差异进行验证。验证采用 T 检定的方法进行，验证结果如表 5－5 所示。

表 5－5　性别与廉洁感知的 T 检定

		Levene's 方差齐次检验		等均值假设的 t－检验						
		F	Sig.	t	df	Sig.（2－tailed）	Mean Difference	Std. Error Difference	95% Confidence Interval of the Difference	
腐败感知	假定方差相等	0.156	0.693	－1.673	1807	0.095	－0.122	0.073	－0.265	0.021
	假定方差不等			－1.669	1678.874	0.095	－0.122	0.073	－0.265	0.021

由表 5－5 可知，Levene's 方差齐次检验的 F 值为 0.156，且 P＝0.693 大于 0.5，所以应该采用假定方差相等的值来进行均值检验。我们看第一排的数据发现 T＝－1.673，且 P＝0.095，这就说明不具

备显著性，换言之，不同性别的公众，其廉洁感知不存在显著差异，这说明性别这一变量对廉洁感知不存在什么影响，男性女性对廉洁的感知都差不多。

二、年龄与廉洁感知的关系

本节对假设 H3b：不同年龄的公众，廉洁感知存在显著差异进行检验。对于年龄与廉洁感知的检验采用 ANOVA 分析的方法，得到结果如表 5－6 所示。

表 5－6　年龄与廉洁感知的 ANOVA 分析

量表名称	变异来源	离均差平方和（SS）	自由度（DF）	均分（MS）	F 值	P 值
公众对政府机构廉洁感知	组间	25. 792	5	5. 158	2. 249	0. 047
	组内	4135. 468	1803	2. 294		
	全体	4161. 260	1808			
公众对立法机构廉洁感知	组间	19. 150	5	3. 830	1. 404	0. 220
	组内	4918. 016	1803	2. 728		
	全体	4937. 167	1808			
公众对监督机构廉洁感知	组间	18. 721	5	3. 744	1. 300	0. 261
	组内	5193. 881	1803	2. 881		
	全体	5212. 602	1808			
廉洁感知	组间	21. 104	5	4. 221	1. 787	0. 112
	组内	4259. 433	1803	2. 362		
	全体	4280. 537	1808			

由表 5－6 可知，年龄与廉洁感知的 ANOVA 分析的 P 值为 0. 112，大于 0. 5，这说明廉洁感知与年龄也无关。然而在廉洁感知的三个分量表中，我们可以发现，年龄与公众对政府机构的廉洁感

知还是相关的，但总体来说，年龄的大小不同，廉洁感知并无显著差异。因此假设 H3b 不成立。

三、教育程度与廉洁感知的关系

本研究采用 ANOVA 分析，对假设 H3c：受教育程度不同的公众，廉洁感知存在显著差异进行验证，检验结果如表 5－7 所示。

表 5－7 教育程度与廉洁感知的 ANOVA 分析

变量名称	初中（含）以下 $n=220$	高中（职）$n=514$	专科或本科 $n=870$	研究生（含）以上 $n=205$	F 值	Sig
	均值					
公众对政府机构的廉洁感知	3.318	3.756	3.969	3.602	4.835	0.002
公众对立法机构的廉洁感知	3.255	3.694	3.977	3.584	2.990	0.030
公众对监督机构的廉洁感知	3.145	3.535	3.964	3.630	3.139	0.024
廉洁感知	3.371	3.699	3.970	3.602	3.997	0.008

由表 5－7 可知，教育程度不同，其廉洁感知有明显差异，且这一差异在廉洁感知的三个分量表中均有体现。进一步分析可知，学历越高其对政府的廉洁感知越明显，这很有可能是因为学历的提升，对腐败能全面地了解，不会从单一的角度来分析，而是更全面地了解和评价政府的廉洁情况，对政府的廉洁感知也更加客观。

四、职业与廉洁感知的关系

本部分采用 ANOVA 分析对假设 H3d：职业不同的公众，廉洁感知存在显著差异进行检验，检验结果如表5－8所示。

表5－8 职业与廉洁感知的ANOVA分析

变量名称	变异来源	离均差平方和（SS）	自由度（DF）	均分（MS）	F值	P值
公众对政府机构的廉洁感知	组间	136.794	11	12.436	5.553	0.000
	组内	4024.466	1797	2.240		
	全体	4161.260	1808			
公众对立法机构的廉洁感知	组间	150.326	11	13.666	5.130	0.000
	组内	4786.841	1797	2.664		
	全体	4937.167	1808			
公众对监督机构的廉洁感知	组间	164.048	11	14.913	5.308	0.000
	组内	5048.554	1797	2.809		
	全体	5212.602	1808			
廉洁感知	组间	143.767	11	13.070	5.677	0.000
	组内	4136.770	1797	2.302		
	全体	4280.537	1808			

由表5－8可知，职业不仅与廉洁感知的总量表的P值为0.000，而且与各分量表也呈现出显著的相关性。不管是总量表还是分量表，都表现出，职业不同，其廉洁感知有显著差异。各职业与政府交流的频率，以及对政府实际感受的来源不同，所以不同职业，其廉洁感知存在显著差异。

五、婚姻状况与廉洁感知的关系

本研究采用方差分析的方法，对婚姻状况与廉洁感知的关系进行验证，其结论如表5－9所示。

表5-9 婚姻状况与廉洁感知的ANOVA分析

变量名称	变异来源	离均差平方和（SS）	自由度（DF）	均分（MS）	F值	P值
公众对政府机构的廉洁感知	组间	26.789	3	8.930	3.898	0.009
	组内	4134.471	1805	2.291		
	全体	4161.260	1808			
公众对立法机构的廉洁感知	组间	38.344	3	12.781	4.709	0.003
	组内	4898.823	1805	2.714		
	全体	4937.167	1808			
公众对监督机构的廉洁感知	组间	42.106	3	14.035	4.900	0.002
	组内	5170.496	1805	2.865		
	全体	5212.602	1808			
廉洁感知	组间	31.873	3	10.624	4.514	0.004
	组内	4248.664	1805	2.354		
	全体	4280.537	1808			

由表5-9可知，不仅是总量表，各分量表也都一致体现出显著相关性，这表明，婚姻状况不同，其廉洁感知有显著差异这一假设成立。进一步分析可知，未婚人士的廉洁感知最不强烈，未婚人士的被试共528人，其廉洁感知得分最低为3.610；其次是已婚无小孩的人士，共351人，得分为3.674；再次是离异人士，共89人，其得分为3.754；廉洁感知度最强的人群是已婚有小孩的人士，共841人，其得分为3.904。这有可能是因为已婚有小孩人群和政府的接触最多，经常因为亲子活动的关系与政府的距离反而更近，所以他们感知到的腐败较少或者因为对政府更加认同和了解，所以感知廉洁更多，我们将通过后期访谈进一步弄清楚原因。

综上所述，婚姻状况不同，其廉洁感知有显著差异。

六、收入水平与廉洁感知的关系

对于收入水平的不同，其廉洁感知是否有显著差异这个问题，我们主要通过假设月收入的不同，其廉洁感知有显著差异，然后采用方差分析的方法来进行验证。

表5-10 月收入与廉洁感知的ANOVA分析

变量名称	变异来源	离均差平方和（SS）	自由度（DF）	均分（MS）	F值	P值
公众对政府机构的廉洁感知	组间	115.288	4	28.822	12.851	0.000
	组内	4045.972	1804	2.243		
	全体	4161.260	1808			
公众对立法机构的廉洁感知	组间	102.186	4	25.547	9.532	0.000
	组内	4834.981	1804	2.680		
	全体	4937.167	1808			
公众对监督机构的廉洁感知	组间	102.096	4	25.524	9.010	0.000
	组内	5110.506	1804	2.833		
	全体	5212.602	1808			
廉洁感知	组间	108.340	4	27.085	11.711	0.000
	组内	4172.197	1804	2.313		
	全体	4280.537	1808			

由表5-10可知，月收入不同，其廉洁感知有显著差异这一假设的真实性得到了验证。这个结果不仅体现在廉洁感知的总体量表中，也体现在各分量表中。

由此可见，中等收入水平的人群廉洁感知度最强，政府要增强公众的廉洁感知，就要从减弱两极分化开始。

七、政治面貌与廉洁感知的关系

对于政治面貌与廉洁感知的关系，本研究采用 ANOVA 分析进行验证，验证结论如表 5－11 所示。

表 5－11 政治面貌与廉洁感知的 ANOVA 分析

变量名称	变异来源	离均差平方和（SS）	自由度（DF）	均分（MS）	F 值	P 值
公众对政府机构的廉洁感知	组间	73.495	3	24.498	10.818	0.000
	组内	4087.765	1805	2.265		
	全体	4161.260	1808			
公众对立法机构的廉洁感知	组间	82.386	3	27.462	10.210	0.000
	组内	4854.780	1805	2.690		
	全体	4937.167	1808			
公众对监督机构的廉洁感知	组间	75.583	3	25.194	8.853	0.000
	组内	5137.019	1805	2.846		
	全体	5212.602	1808			
廉洁感知	组间	75.963	3	25.321	10.870	0.000
	组内	4204.574	1805	2.329		
	全体	4280.537	1808			

由表 5－11 可知，政治面貌不仅在总量表，而且在各分量表中均与廉洁感知显示出显著的相关性。由此表明，政治面貌不同，其廉洁感知有显著差异。

八、居住位置与廉洁感知的关系

公众所居住的位置不同，其城市经济实力不同也可能会影响到廉洁感知，本研究采用方差分析，对居住位置是否与廉洁感知有关系进行验证，验证结果如表 5－12 所示。

表5-12 居住位置与廉洁感知的ANOVA分析

变量名称	变异来源	离均差平方和（SS）	自由度（DF）	均分（MS）	F值	P值
公众对政府机构的廉洁感知	组间	166.846	4	41.712	18.838	0.000
	组内	3994.414	1804	2.214		
	全体	4161.260	1808			
公众对立法机构的廉洁感知	组间	196.723	4	49.181	18.716	0.000
	组内	4740.444	1804	2.628		
	全体	4937.167	1808			
公众对监督机构的廉洁感知	组间	231.189	4	57.797	20.931	0.000
	组内	4981.413	1804	2.761		
	全体	5212.602	1808			
廉洁感知	组间	184.778	4	46.194	20.347	0.000
	组内	4095.760	1804	2.270		
	全体	4280.537	1808			

由表5-12可知，居住位置不同，不仅廉洁感知的总体量表显著值非常高，而且其各分量表的值都非常高。这充分表明，居住位置不同，其廉洁感知有显著差异。

进一步分析可知，东部城市的公众廉洁感知最不强烈，被试者一共109人，其廉洁感知的平均分为3.352分；其次是南部，共148人，平均分为3.434；再次是北部，共756人，平均分为3.569分；再次是中部，共410人，得分为3.841分；最后是西部，共386人，平均分为4.319分。总体看来，经济不发达的地区其公众廉洁感知要强烈一些，经济发达的地区，其公众廉洁感知要弱一些。

九、城市类别与廉洁感知的关系

在证明了居住的区域位置对廉洁感知有显著影响之后，我们想进一步验证一下，是不是在不同的区域位置，不同的城市类别也会对廉洁感知造成影响。本研究依旧采用方差分析进行验证，验证结果如表 5－13 所示。

表 5－13　城市类别与廉洁感知的方差分析

变量名称	变异来源	离均差平方和（SS）	自由度（DF）	均分（MS）	F 值	P 值
公众对政府机构的廉洁感知	组间	3.253	3	1.084	0.471	0.703
	组内	4158.008	1805	2.304		
	全体	4161.260	1808			
公众对立法机构的廉洁感知	组间	13.389	3	4.463	1.636	0.179
	组内	4923.778	1805	2.728		
	全体	4937.167	1808			
公众对监督机构的廉洁感知	组间	15.260	3	5.087	1.767	0.152
	组内	5197.343	1805	2.879		
	全体	5212.602	1808			
廉洁感知	组间	6.850	3	2.283	0.964	0.409
	组内	4273.688	1805	2.368		
	全体	4280.537	1808			

由表 5－13 可知，城市类别不同，其廉洁感知的总量表和分量表均表现为无显著差异，这说明原假设不成立。城市类别不同，廉洁感知无显著差异。

第四节　大众传媒与廉洁感知的关系

本研究分析的大众传媒与廉洁感知的关系，主要是分析大众传媒正面报道廉政事件和反面报道腐败事件对廉洁感知有何影响，分析大众传媒多揭露腐败事件和少揭露腐败事件只报道大型事件对廉洁感知有何影响，以及在什么样类型的媒体上报道会对公众廉洁感知影响最大这些问题进行逐一分析。

一、信息来源与廉洁感知的关系

本节主要探讨不同的信息来源对廉洁感知有何影响，到底哪一种信息来源对廉洁感知影响最大。对此我们采用方差分析的方法，对信息来源和廉洁感知进行了检验，检验结果如表 5－14 所示。

表 5－14　信息来源与廉洁感知的方差分析

变量名称	变异来源	离均差平方和（SS）	自由度（DF）	均分（MS）	F 值	P 值
公众对政府机构的廉洁感知	组间	59.969	8	7.496	3.290	0.001
	组内	4101.291	1800	2.278		
	全体	4161.260	1808			
公众对立法机构的廉洁感知	组间	70.208	8	8.776	3.246	0.001
	组内	4866.959	1800	2.704		
	全体	4937.167	1808			
公众对监督机构的廉洁感知	组间	80.973	8	10.122	3.550	0.000
	组内	5131.629	1800	2.851		
	全体	5212.602	1808			

续表

变量名称	变异来源	离均差平方和（SS）	自由度（DF）	均分（MS）	F 值	P 值
廉洁感知	组间	65.913	8	8.239	3.519	0.000
	组内	4214.625	1800	2.341		
	全体	4280.537	1808			

由表 5－14 可知，不同的信息来源，其廉洁感知有显著差异。进一步分析可知，亲身经历腐败事件的人，其腐败感知最强烈，这类被试一共有 93 人，其廉洁感知的平均分为 3.295；其次是广播，共 66 人，其得分为 3.520 分；再次是听别人说的，共 61 人，得分为 3.571 分；再次是互联网，共 760 人，其得分为 3.734 分；接下来是电视，被试共 619 分，得分为 3.792 分；再次是境外媒体，共 20 人，得分为 3.811 分；然后是手机短信或微信，共 78 人，得分为 4.081 分；最后是其他方式，共 112 人，得分为 4.273。由此可见，亲身经历、广播和听别人说的这样的信息来源最容易让公众产生对政府的廉洁感知，而手机等其他方式还没有成为影响公众廉洁感知的主要信息来源和媒体方式。

二、报道方式与廉洁感知的关系

本部分主要探讨我们到底是应该多正面报道廉洁信息，从而通过正面人物的确立，来增强人们的廉洁感知，还是应该多报道腐败信息，通过公众知情权的扩大来影响其廉洁感知。首先，我们对于到底报道廉洁信息还是腐败信息有利于反腐进行了简单的描述性统计，统计结果如表 5－15 所示。

表 5-15 媒体报道廉洁信息越多，越有利于反腐各题项描述性分析

答案选项	人数	百分比	有效百分比	累计百分比
非常不同意	97	5.4	5.4	5.4
不同意	349	19.3	19.3	24.7
比较不同意	296	16.4	16.4	41.0
不确定	604	33.4	33.4	74.4
比较同意	145	8.0	8.0	82.4
同意	183	10.1	10.1	92.5
非常同意	135	7.5	7.5	100.0
总计	1809	100.0	100.0	

我们粗略地看，除开不确定的人员，不同意媒体报道廉洁信息越多，越有利于反腐这种观点的共 742 人，而总体倾向于同意的则为 463 人，不表态的有 604 人。我们再用反向问题，即媒体报道腐败信息越多，越有利于反腐进行验证。

表 5-16 媒体报道腐败信息越多，越有利于反腐各题项描述性分析

答案选项	人数	百分比	有效百分比	累计百分比
非常不同意	44	2.4	2.4	2.4
不同意	239	13.2	13.2	15.6
比较不同意	197	10.9	10.9	26.5
不确定	606	33.5	33.5	60.0
比较同意	205	11.3	11.3	71.4
同意	271	15.0	15.0	86.3
非常同意	247	13.7	13.7	100.0
总计	1809	100.0	100.0	

对于该题项，我们也发现，总体倾向于认为腐败信息报道越多，对反腐越有有利的有 723 人，而持反对态度的是 480 人，有 606 人

不表态。

这说明不管我们正向问还是反向问，公众均认为是报道腐败信息越多，越有利于反腐。我们进一步对报道腐败信息越多，是不是对其廉洁感知有影响进行相关分析，分析结果如表5－17所示。

表5－17　报道方式与廉洁感知的相关性分析

		廉洁信息	腐败信息	廉洁感知
廉洁信息	Pearson Correlation	1	0.361（**）	0.180（**）
	Sig.（2－tailed）		0.000	0.000
	N	1809	1809	1809
腐败信息	Pearson Correlation	0.361（**）	1	0.025
	Sig.（2－tailed）	0.000		0.282
	N	1809	1809	1809
廉洁感知	Pearson Correlation	0.180（**）	0.025	1
	Sig.（2－tailed）	0.000	0.282	
	N	1809	1809	1809

由表5－17可知，当我们报道廉洁信息的时候，廉洁信息的报道与我们对政府的廉洁感知是相关的，而当我们报道腐败信息的时候，我们对政府的廉政感知就不相关。这就说明当我们多报道廉洁信息的时候，我们会更多地感知到政府的廉政性。公众又认为腐败信息的揭露有利于反腐，只是腐败信息的揭露对其感知政府的廉洁没有相关性。

三、信息量的大小与廉洁感知的关系

本部分我们主要讨论到底是揭露腐败信息越多，公众认为腐败越严重，还是揭露信息越少，公众认为腐败越严重。对此我们采用相关分析，得到结果如表 5－18 所示。

表 5－18　信息量大小与廉洁感知的相关分析

		揭露腐败信息多	揭露腐败信息少	廉洁感知
揭露腐败信息多	Pearson Correlation	1	0.681（**）	0.415（**）
	Sig.（2－tailed）		0.000	0.000
	N	1809	1809	1809
揭露腐败信息少	Pearson Correlation	0.681（**）	1	0.352（**）
	Sig.（2－tailed）	0.000		0.000
	N	1809	1809	1809
廉洁感知	Pearson Correlation	0.415（**）	0.352（**）	1
	Sig.（2－tailed）	0.000	0.000	
	N	1809	1809	1809

这表明，实际揭露腐败信息的多少与公众廉洁感知是有相关性的。这就验证了原假设，说明揭露腐败信息的多少不同，公众廉洁感知有显著差异。进一步通过其均值的分析可知，公众认为媒体揭露腐败事件越多，其廉洁感知越强烈，揭露腐败信息越少，其廉洁感知越不强烈。

第五节　本章小结

本章对廉洁感知到底由几个因子构成，以及个人基本属性和大众传媒的所有假设均进行了验证，梳理结果如表 5－19 所示。

表 5－19　假设检定结果

研究假设		实证结果
H1	公众廉洁感知是四维结构	不成立
H2	信息来源、报道消息的正反面、揭露腐败事例的多少不同，廉洁感知有显著差异	成立
	H2a：公众接触的信息来源不同，廉洁感知有显著差异	成立
	H2b：媒体的报道方式不同，廉洁感知有显著差异	成立
	H2c：媒体报道的腐败信息量大小不同，廉洁感知有显著差异	成立
H3	公众参与态度在个人属性方面存在差异	部分成立
	H3a：性别不同，廉洁感知存在差异	不成立
	H3b：年龄不同，廉洁感知存在差异	不成立
	H3c：教育程度不同，廉洁感知存在差异	成立
	H3d：职业不同，廉洁感知存在差异	成立
	H3e：婚姻状况不同，廉洁感知存在差异	成立
	H3f：收入不同，公众参与态度存在差异	成立
	H3g：政治面貌不同的公众，廉洁感知存在显著差异	成立
	H3h：居住位置不同的公众，廉洁感知存在显著差异	成立
	H3i：城市类别不同的公众，廉洁感知存在显著差异	不成立

由此我们得出三个比较大的结论如下：

一是经过探索性因子分析，验证性因子分析和备择模型拟合对比，发现廉洁感知由三因子构成的模型是比较科学的。我们分别将这三因子命名为：公众对政府机构廉洁感知、公众对立法机构廉洁感知和公众对监督机构的廉洁感知。

二是大众传媒对廉洁感知有显著影响。在公众信息来源上，具有亲身经历的人，其腐败感知最强烈，同时我们也发现手机短信和微信还没有成为影响公众廉洁感知的主要媒体。在报道方式上，公众更倾向于赞同报道腐败的事件，并且腐败事件的报道与公众廉洁感知是有相关性的。同时我们发现，报道腐败信息的量的多少也与公众廉洁感知有相关性。

三是个人属性的不同，其廉洁感知有显著差异。通过实证分析，我们发现，性别、年龄、所处城市类别的不同，其廉洁感知并没有显著差异，而教育程度、职业、婚姻状况、收入水平、政治面貌和居住位置的不同，公众的廉洁感知有显著差异。因此我们在对不同群体进行科学引导的时候要注意引导这些对廉洁感知有影响的变量，而不必关注没有影响的变量。

第六章

廉洁预期、廉洁感知、满意度与政府信任的关系研究

本章在对廉洁预期、廉洁感知、满意度和政府信任几个变量进行界定的前提下，对廉洁预期及政府信任进行特征维度和验证分析，然后对廉洁预期、廉洁感知、满意度与政府信任四个变量之间的关系进行分析。

第一节　廉洁预期的特征维度与验证分析

通过预测试和正式测试，我们均发现廉洁预期适合做因子分析，本节我们采用探索性因子分析和验证性因子分析的办法，对 1809 份正式问卷中的廉洁预期进行最大方差主成分分析，从而确定廉洁预期的因子构成。

由表 6 - 1 可知，廉洁预期可以分为三个因子，其中 QW1—QW15 为一个因子，QW16—QW23 为一个因子，QW24—QW28 为一个因子。这个区分不仅与预测试的结果完全一致，而且与廉洁感知的区分也比较一致，说明人们对腐败的理解是高度一致的。三个因子的特征值分别为 13. 472、6. 134、1. 166，总体解释变异

量为74.184%。我们也可以发现各因子载荷值均在0.5以上，表示其收敛度很好。根据文献和感知部分所对应的，我们将三个因子分别取名为公众对政府机构廉洁预期、公众对立法机构廉洁预期和公众对监督机构的廉洁预期。

表6-1 廉洁预期的探索性因子分析结果

测量题目	因子1	因子2	因子3
QW1：在与政府打交道中工作人员不会主动向我索要贿赂	0.247	0.746	0.13
QW2：政府给当地媒体（电视新闻、报刊评论）的环境宽松	0.276	0.814	0.072
QW3：当地政府部门采购的竞标过程公开透明	0.158	0.724	-0.217
QW4：当地政府会主动公示招商引资招投标项目的运作情况	0.256	0.837	0.09
QW5：当地做生意不需要花费与政府部门的交际费用	0.306	0.803	0.098
QW6：我知道举报政府部门工作人员腐败的方法及程序	0.316	0.736	0.205
QW7：政府部门会公布办事制度、程序	0.193	0.793	0.388
QW8：政府通过公众信息网提供公共服务平台	0.336	0.719	0.333
QW9：当地政府审批特许经营权的过程透明公正	0.36	0.717	0.322
QW10：当地政府能够有效查处公款吃喝不正之风	0.236	0.842	0.11
QW11：当地政府部门会公开财政预算	0.24	0.83	0.15
QW12：当地政府的各个单位和机构没有“小金库”	0.263	0.828	0.127

续表

测量题目	因子 1	因子 2	因子 3
QW13：当地政府部门工作人员办事公正	0. 27	0. 829	0. 166
QW14：当地政府部门具有“以民为本”的公共服务意识	0. 258	0. 847	0. 139
QW15：若公民与政府发生纠纷，公民的利益能够得到保护	0. 26	0. 841	0. 159
QW16：当地人民代表大会的工作程序公开	0. 82	0. 27	0. 138
QW17：当地的司法系统工作人员廉洁公正	0. 579	0. 171	0. 112
QW18：当地人大或司法系统的领导干部有腐败问题就会受到查处	0. 662	0. 238	−0. 042
QW19：当地检察院纠正与惩处行政机构腐败行为的力度合适	0. 852	0. 282	0. 027
QW20：反腐倡廉的各项规章制度在当地能够很好地贯彻	0. 842	0. 283	0. 052
QW21：当地的人大代表能在人大会议上传达群众意愿	0. 852	0. 264	0. 073
QW22：当地举报政府部门工作人员的行为是有作用的	0. 856	0. 292	0. 047
QW23：当地腐败行为能在群众举报后得到查处	0. 859	0. 264	0. 061
QW24：当地的反腐机构能够向公众负责	0. 036	0. 28	0. 856
QW25：当地反腐机构的工作人员如有腐败现象，也会被查处	0. 033	0. 305	0. 839

续表

测量题目	因子 1	因子 2	因子 3
QW26：您能通过有关机构了解到政府部门公共支出的情况	0.072	0.3	0.825
QW27：领导干部个人财产状况申报制度完善	0.098	0.286	0.832
QW28：当地反腐机构能够有效发挥作用	0.027	0.217	0.83
Cronbachα 系数	0.931	0.940	0.949
KMO	0.985		
Bartlett's Test of Sphericity　sig.	0.000		
特征值	6.134	13.472	1.166
总体解释变异量（%）	74.184%		

为了进一步验证廉洁预期在探索性因子分析中所提出的三因子结构是否有效，我们进一步进行了验证性因子分析。验证性因子分析主要用 LISREL 18.70 软件进行结构方程模式的拟合。

由表 6－2 和图 6－1 可知，验证性因子分析进一步验证了廉洁预期的三维度模型，由图 6－1 可知，模型的因子载荷均大于 0.5，我们也可以从表 6－2 中看到其验证模型的各项拟合指数全部符合相关评价标准，这说明，我们将廉洁预期划分为三个因子是比较有代表性的。

表 6－2　廉洁预期验证性因素分析模型拟合指数

指标	χ^2	*DF* $\frac{\chi^2}{df}$ *GFI*	*AGFI*	*NFI*	*CFI*	*IFI*	*RMSEA*
评价标准	$2<\chi^2<5$	>0.9	>0.9	>0.9	>0.9	>0.9	<0.08
验证模型	1322.07	347 3.81 0.91	0.90	0.96	0.96	0.96	0.021

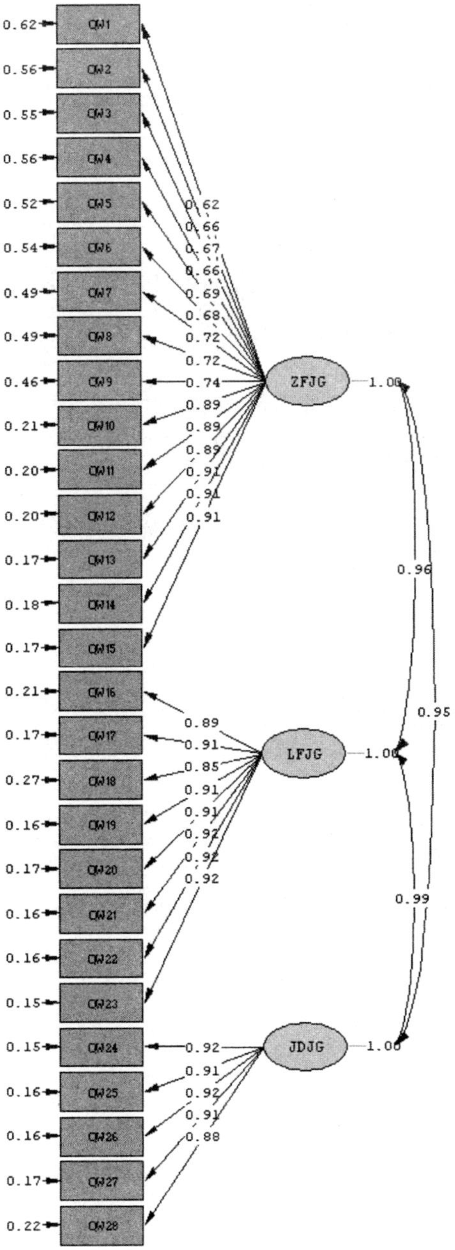

图 6－1　廉洁预期的验证性因子分析

第二节 政府信任的特征维度与验证分析

通过前文的预测试和正式测试的检验，我们发现，政府信任是适合做因子分析的，因此我们对正式问卷进行探索性因子分析和验证性因子分析。探索性因子分析结果如表6－3所示。

表6－3 政府信任的探索性因子分析

测量题目	因子1	因子2	因子3
XR1 我相信我们对政府部门腐败行为的监控是有效的	0.702	0.411	0.309
XR2 我相信政府部门有能力按照规范完成自己的职责	0.717	0.453	0.314
XR3 我相信政府部门有规范的腐败评价体系	0.654	0.442	0.384
XR4 我相信政府部门的行为规范是很明确的	0.875	0.308	0.328
XR5 我相信我们和政府部门签订的各种合同都是很规范的	0.66	0.482	0.368
XR6 我认为我曾接触（了解）的政府部门在办理公共事务时一视同仁，很公平	0.727	0.444	0.273
XR7 我认为我曾接触（了解）的政府部门值得信赖	0.153	0.403	0.776
XR8 我认为我曾接触（了解）的政府部门不会利用我们的不知情而获取该部门或个人的利益	0.239	0.464	0.749
XR9 我认为我曾接触（了解）的政府部门在处理问题时的协商态度是诚恳的	0.245	0.334	0.679
XR10 我认为政府部门在发生重大灾难时会为广大公民提供支持	0.359	0.287	0.751

续表

测量题目	因子1	因子2	因子3
XR11 我认为政府部门在做出重大决策时会考虑到社会的整体利益	0.426	0.283	0.757
XR12 我相信政府部门不会违反法律法规来损害我们的利益	0.476	0.757	0.234
XR13 我相信政府部门不会违反规章制度来危害我们的利益	0.326	0.728	0.22
XR14 我相信国家的法律法规能够保护我们的利益	0.455	0.765	0.252
XR15 我相信政府部门的规章制度能够保护我们的利益	0.211	0.735	0.226
Cronbachα 系数	0.935	0.956	0.934
KMO	0.978		
Bartlett's Test of Sphericity sig.	0.000		
特征值	5.413	1.837	5.125
总体解释变异量（%）	82.501%		

由表6-3可知，各因子载荷均大于0.5，表示其收敛度较好。经过探索性因子分析，我们发现政府信任可以分为三个因子，其中XR1—XR6为一个因子，XR7—XR11为一个因子，XR12—XR15为一个因子，三个因子的特征值分别为5.413、1.837和5.125，累计总体解释变异量为82.501%。各因子的α系数均大于0.9符合标准，且这三个因子的划分与预测试结论保持一致。根据文献和题项的内涵，我们分别给这三个因子命名为契约型信任、合作型信任、制度型信任。为了进一步验证政府信任的三因子结构是否合理，我们用结构方程模式的方法对模型进一步进行验证性分析。

由图6-2可知，各因素的观测指标的路径系数均远大于0.5，由表6－4可知，验证性因子的各拟合指数均符合评价标准，这表明，政府信任的三因素模型拟合优度好。

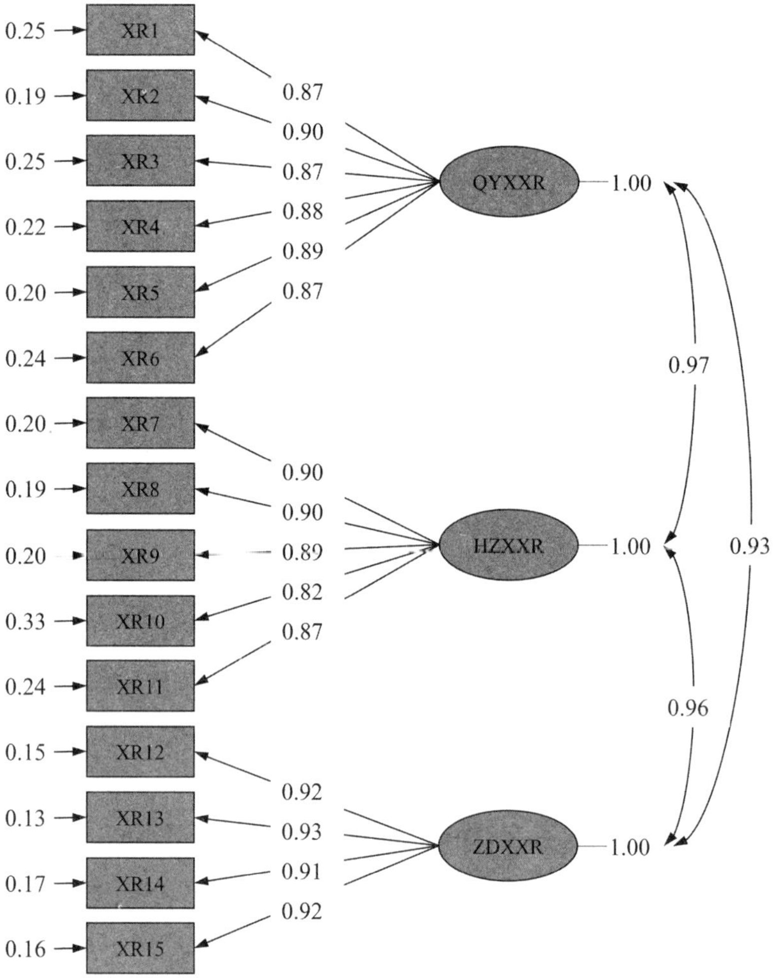

图6－2　政府信任验证性因子分析

表6－4 政府信任验证性因子分析拟合指数

指标	χ^2	DF	$\frac{\chi^2}{df}$	GFI	$AGFI$	NFI	CFI	IFI	$RMSEA$
评价标准	$2<\chi^2<5$			>0.9	>0.9	>0.9	>0.9	>0.9	<0.08
验证模型	294.59	87	3.386	0.93	0.92	0.99	0.99	0.99	0.069

第三节 廉洁预期对满意度的关系研究

对于廉洁预期对满意度的关系研究，主要采用回归分析的方法。在进行多元回归分析的时候，必须满足四项前提条件，分别是：必须满足线性关系、误差项要具备独立性、必须呈现正态分布、必须满足无多重共线性。本研究将先后通过残差散点图来检测线性关系，由标准化残差直方图和残差的概率累计图来判断其是否是正态分布，通过 Durbin－Watson 值来诊断误差项的独立性，总体来说，DW 越接近2表示其误差项相关性越小，残差与自变量相互独立。本研究还将由 VIF 来检验多重共线性，VIF 值在1—5之间就符合标准，接近1时最佳。

由图6－4可以观察到两个变量的线性关系，由图6－3和图6－5可以判断其呈正态分布，由 VIF＝1 可判断其不存在多重共线性，由 Durbin－Watson＝1.963 可判断残差与自变量非常独立。由此满足了多元线性回归分析的所有条件。

我们通过表6－5可知，廉洁预期对满意度的回归的 F 值为13.855，P 值为0.000，这表明廉洁预期对满意度有显著的影响。再观测其标准化回归系数，我们可以得知廉洁预期对满意度有反向影响，即当期望越高的时候，满意度会越低，而当期望越低的时候，

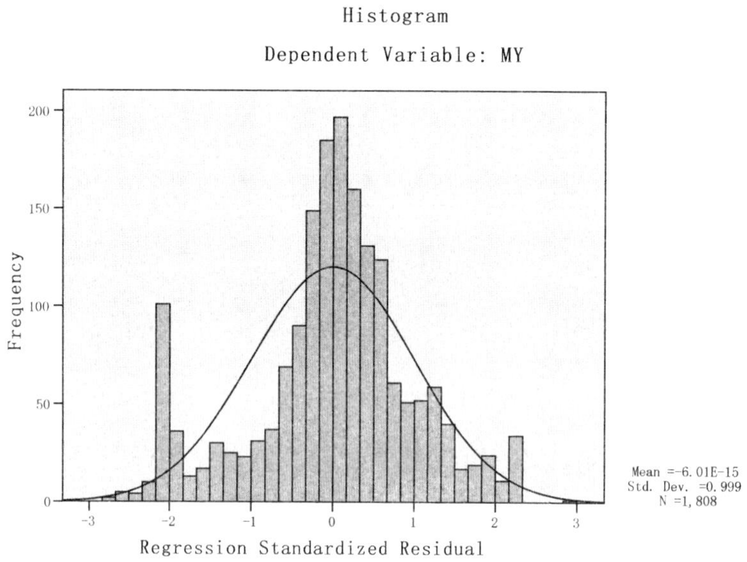

图 6-3 残差直方图

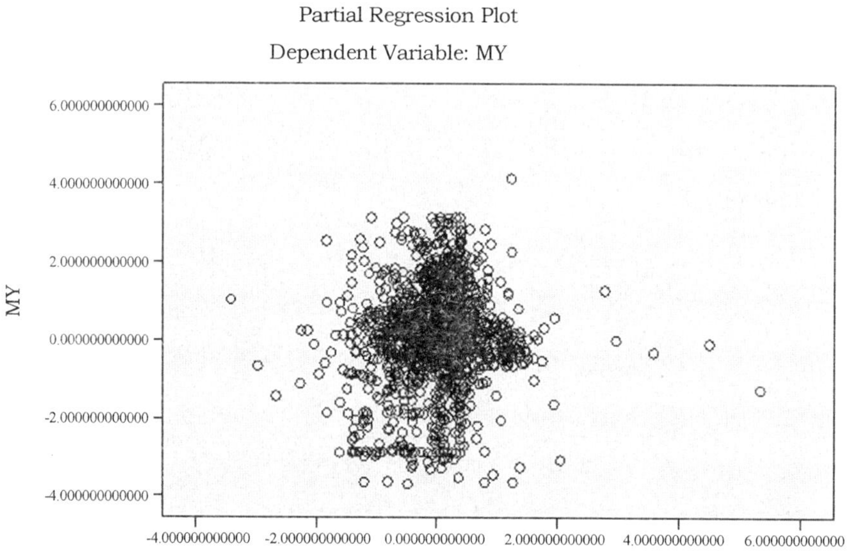

图 6-4 残差散点图

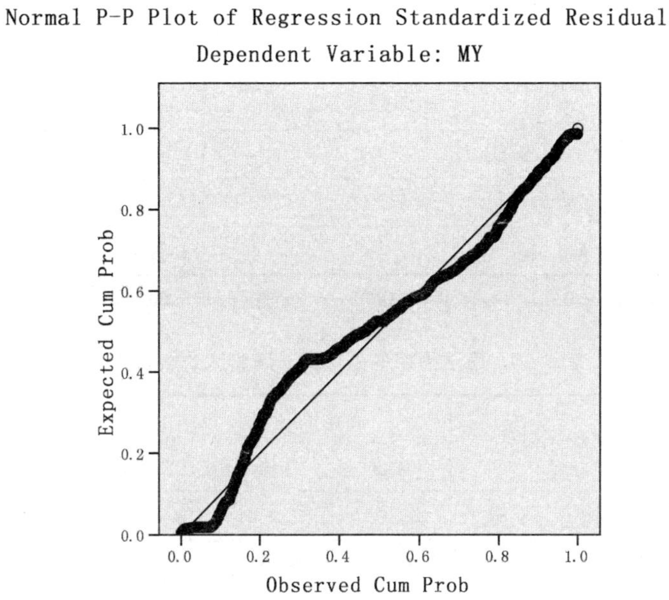

图 6－5　标准化残差的概率累计图

满意度反而越高。这说明假设 H4a：公众廉洁预期对其满意度存在直接的负向影响得到了验证。进一步分析，从表 6－6 可知，在这种负向影响中公众对监督机构的廉洁预期在满意度中起到的作用最大，影响最大。

表 6－5　廉洁预期对满意度的回归分析

	未标准化回归系数		标准化回归系数	T 值	Sig	共线性诊断	
	B	标准误差	β	－	－	容忍度	VIF
常数项	4.676	0.165	－	28.348	0.000	－	－
廉洁预期	－0.109	0.029	－0.087	－3.722	0.000	1.000	1.000
R^2			0.008				

续表

	未标准化回归系数		标准化回归系数	T值	Sig	共线性诊断	
	B	标准误差	β	-	-	容忍度	VIF
F值（P值）			13.855（0.000）				
Durbin - Watson			1.963				

注：* 表示 p<0.1；** 表示 p<0.05；*** 表示 p<0.01。

表6-6 廉洁预期各分变量对满意度的回归分析

变量名称	满意度		P值	容忍度	VIF
	Beta	t值			
公众对政府机构廉洁期望	0.100	2.434	0.015	0.320	3.129
公众对立法机构廉洁期望	0.072	1.148	0.251	0.137	4.282
公众对监督机构廉洁期望	-0.270	-4.327	0.000	0.139	4.180

注：* 表示 p<0.05，** 表示 p<0.01，*** 表示 p<0.001。

第四节 廉洁感知对满意度的关系研究

本节采用回归分析的方法探讨廉洁感知对满意度的影响，从而验证假设 H4b：公众廉洁感知对其满意度有直接的正向影响。

由图6-8我们可以得知，廉洁感知与满意度呈线性关系，从图6-6和6-7可知，两个变量呈现正态分布，由表6-7可知，Durbin-Watson 为1.998，表明残差与自变量相互独立。又因 VIF = 1 可知，自变量不存在多元共线性，符合多元回归分析的前提条件。

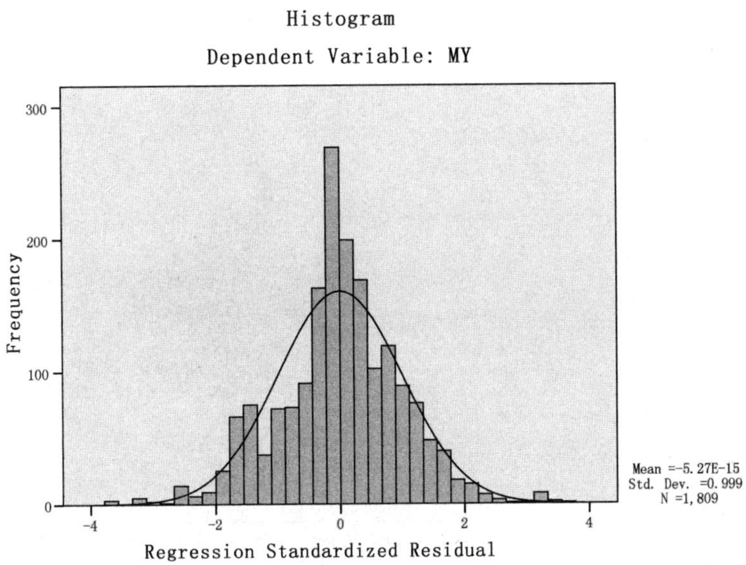

图6-6　残差直方图

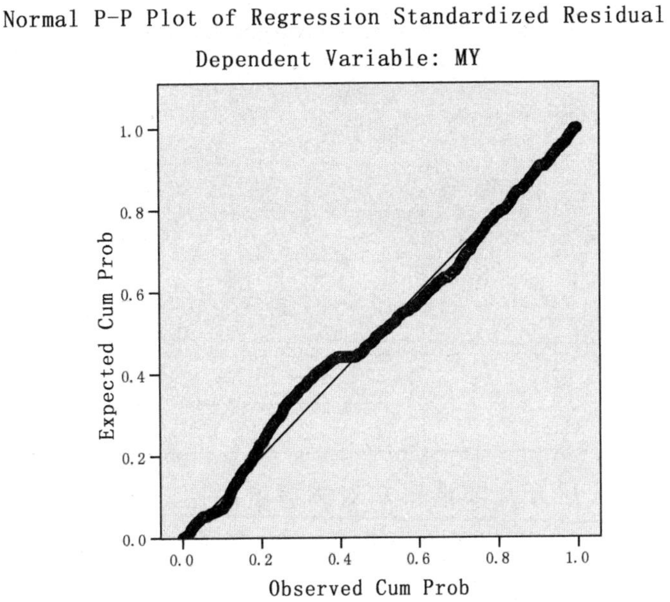

图6-7　标准化残差的概率累计图

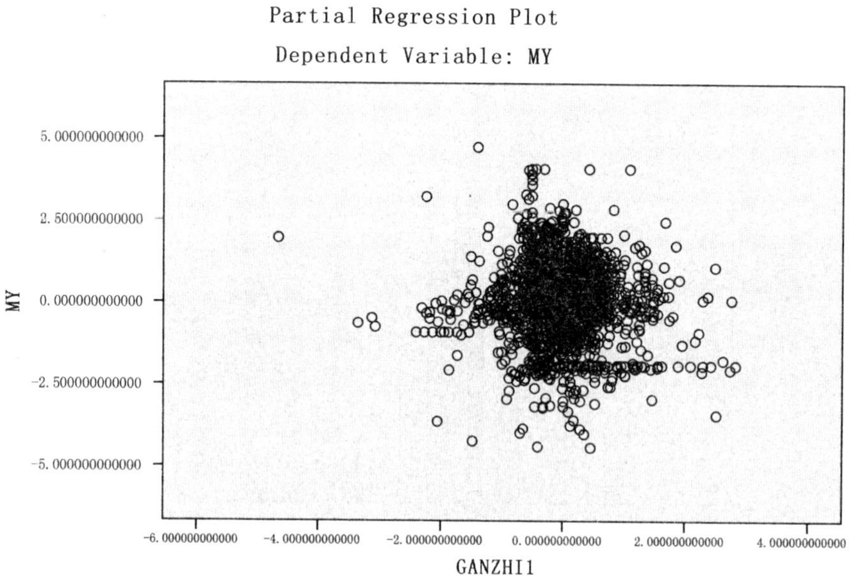

图6－8 残差散点图

表6－7 廉洁感知对满意度的回归分析

	未标准化回归系数		标准化回归系数	T值	Sig	共线性诊断	
	B	标准误差	β	－	－	容忍度	VIF
常数项	2.482	0.078	－	31.990	0.000	－	－
廉洁感知	0.423	0.019	0.462	22.168	0.000	1.000	1.000
R^2			0.214				
F值（P值）			491.422（0.000）				
Durbin－Watson			1.998				

由表6－7可知，廉洁感知对满意度的回归F值为491.422，P值为0.000，这说明整体回归模型达到显著水平。观测标准回归系数可知，廉洁感知对满意度有正面影响，因为廉洁感知的得分是反向设计的得分，所以表明越感知到廉政，满意度越高，越感知到腐败，

满意度越低。因此，假设 H4b：公众廉洁感知对其满意度有直接的正向影响得到验证，假设成立。由表 6－8 进一步观测可知，公众对立法机构的廉洁感知最容易影响其对政府的满意度。

表 6－8　廉洁感知各分量表对满意度的回归分析

变量名称	满意度		P 值	容忍度	VIF
	Beta	t 值			
公众对政府机构廉洁感知	－0.117	－2.490	0.013	0.191	2.234
公众对立法机构廉洁感知	0.368	5.109	0.000	0.081	4.291
公众对监督机构廉洁感知	0.232	3.426	0.001	0.092	4.893

第五节　廉洁预期对政府信任的关系研究

本节采用多元回归分析的方法对廉洁预期对政府信任的关系进行验证，以检验假设 H4a：公众廉洁预期对其满意度存在直接的负向影响。检验结果如表 6－9 所示。

表 6－9　廉洁预期对政府信任的回归分析

	未标准化回归系数		标准化回归系数	T 值	Sig	共线性诊断	
	B	标准误差	β	－	－	容忍度	VIF
常数项	4.257	0.166	－	25.645	0.000	－	－
廉洁预期	－0.007	0.029	－0.005	－0.232	0.817	1.000	1.000
R^2			0.000				
F 值（P 值）			0.054（0.817）				
Durbin－Watson			1.825				

由图6－11我们可以得知，廉洁感知与满意度呈线性关系，由图6－9和6－10可知，变量呈现正态分布，由表6－9可知，Durbin－Watson为1.825，表明残差与自变量相互独立。由VIF＝1可知，自变量不存在多元共线性。符合多元回归分析的前提条件。

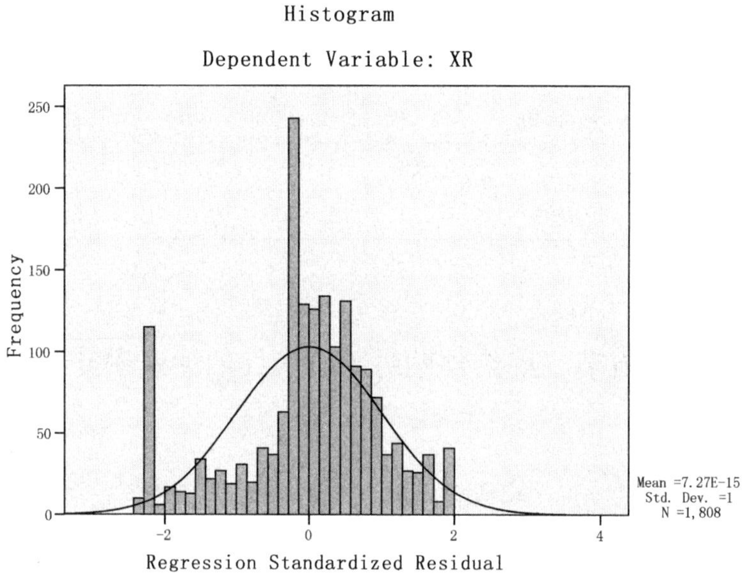

图6－9　残差直方图

由表6－9可知，廉洁预期对政府信任的F值为0.054，P值为0.817，大于0.05，说明廉洁预期对政府信任的整体模型没有达到显著水平，换言之，廉洁预期的变化，不影响政府信任，原假设H4a：公众廉洁预期对其满意度存在直接的负向影响不成立。

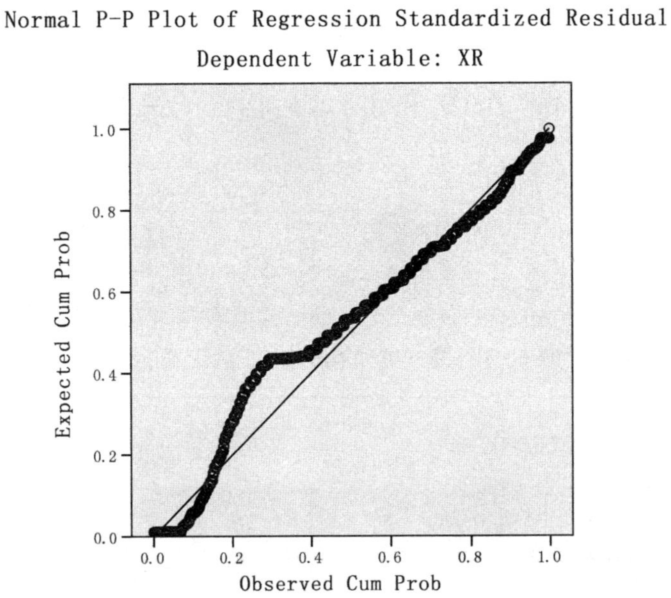

图 6-10　标准化残差的概率累计图

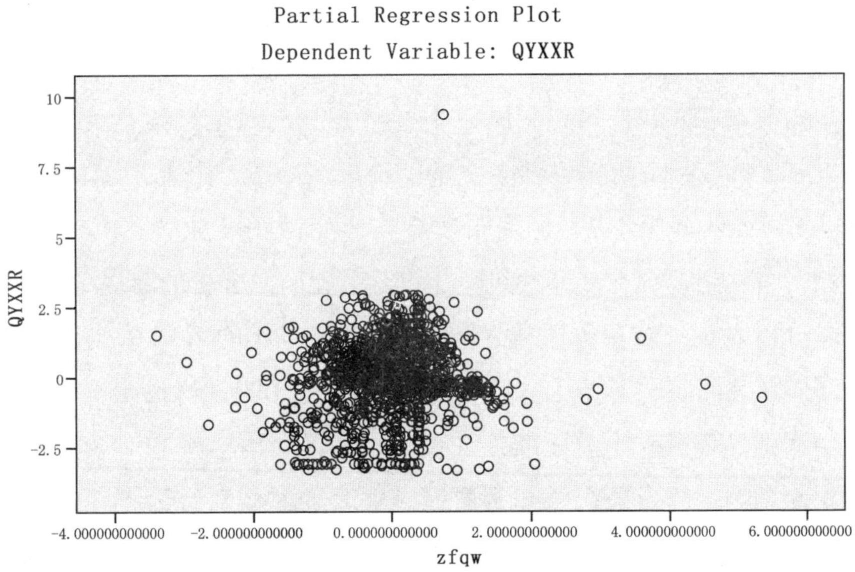

图 6-11　残差散点图

第六节 廉洁感知与政府信任的关系研究

我们采用多元回归的方法验证廉洁感知与政府信任的关系，验证结果如表6－10所示。

表6－10 廉洁感知对政府信任的回归分析

	未标准化回归系数		标准化回归系数	T值	Sig	共线性诊断	
	B	标准误差	β	－	－	容忍度	VIF
常数项	2.857	0.081	－	35.444	0.000	－	－
廉洁感知	0.362	0.020	0.395	18.256	0.000	1.000	1.000
R^2			0.156				
F值（P值）			333.281（0.000）				
Durbin－Watson			1.795				

由图6－13我们可以得知，廉洁感知与满意度呈线性关系，从图6－11和6－12可知，两个变量呈现正态分布，由表6－10可知，Durbin－Watson为1.795，表明残差与自变量相互独立。由VIF＝1可知，自变量不存在多元共线性。符合多元回归分析的前提条件。

分析表6－10可知，廉洁感知对政府信任的解释总变异达到15.6%，其回归的F值为333.281，P值为0.000，这说明整体回归模型达到显著性水平。标准化系数为正，说明廉洁感知对政府信任有正面影响，即当公众感知到政府越廉政的时候对政府越信任。因此，假设H4e：公众廉洁感知对政府信任有直接的正向影响得以验证。进一步分析各分量表的关系，我们可以从表6－11中得知，公

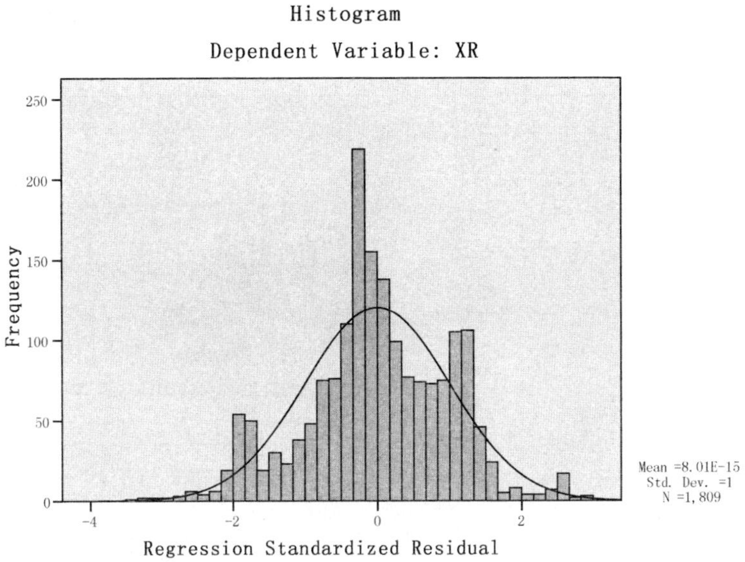

图 6-11　残差直方图

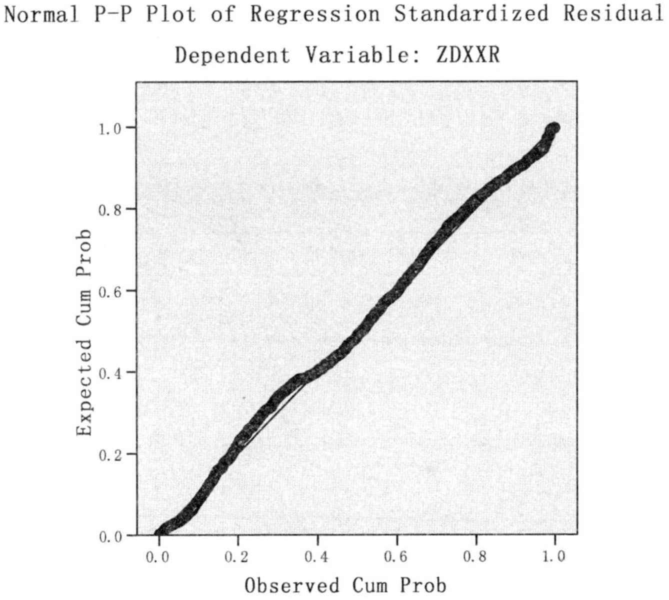

图 6-12　标准化残差的概率累计图

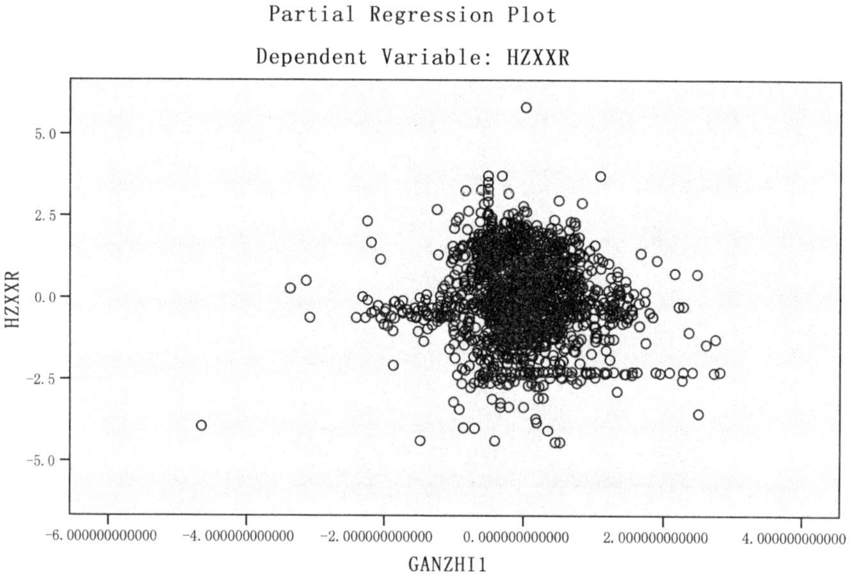

图 6-13 残差散点图

众对政府机构的廉洁感知、对立法机构的廉洁感知以及对监督机构的廉洁感知对其政府信任的各维度均有影响。

表 6-11 廉洁感知各分量表与政府信任各分量表的回归分析

变量名称	公共事务态度		社会事务态度		关心时事态度		容忍度	VIF
	Beta	t 值	Beta	t 值	Beta	t 值		
政府机构	-0.122	-2.506	-0.174	-3.564	-.146	-2.923	0.291	3.324
立法机构	0.439	5.893	0.476	6.347	0.377	4.914	0.181	4.291
监督机构	0.102	1.449	0.094	1.329	0.121	1.678	0.192	4.893
F 值（P 值）	136.793（0.000）	126.351（0.000）	94.122（0.000）					
R	0.430	0.417	0.368					
R^2	0.185	0.174	0.135					
调整 R^2	0.184	0.172	0.134					

第七节　满意度对政府信任的关系研究

我们采用多元回归分析进行满意度对政府的关系的验证分析，验证结果如表6－12所示。

表6－12　满意度对政府信任的回归分析

	未标准化回归系数		标准化回归系数	T值	Sig	共线性诊断	
	B	标准误差	β	–	–	容忍度	VIF
常数项	0.942	0.061	–	15.528	0.000	–	–
满意度	0.804	0.014	0.802	57.131	0.000	1.000	1.000
R^2			0.644				
F值（P值）			3263.946（0.000）				
Durbin－Watson			1.829				

由图6－16我们可以得知，廉洁感知与满意度呈线性关系，从图6－14和6－15可知，变量呈现正态分布，由表6－12可知，Durbin－Watson为1.829，表明残差与自变量相互独立。由VIF＝1可知，自变量不存在多元共线性。符合多元回归分析的前提条件。

由表6－12可知，满意度对政府信任的解释总变异达64.4%，回归的F值为3263.946，P值为0.000。说明满意度对政府信任的回归模型达到显著水平。再观测标准化回归系数，表明满意度对政府信任有正面影响。当公众对政府越满意时，其对政府越信任。假设H4c：公众满意度对政府信任有显著正向影响作用得到验证，假设成立。

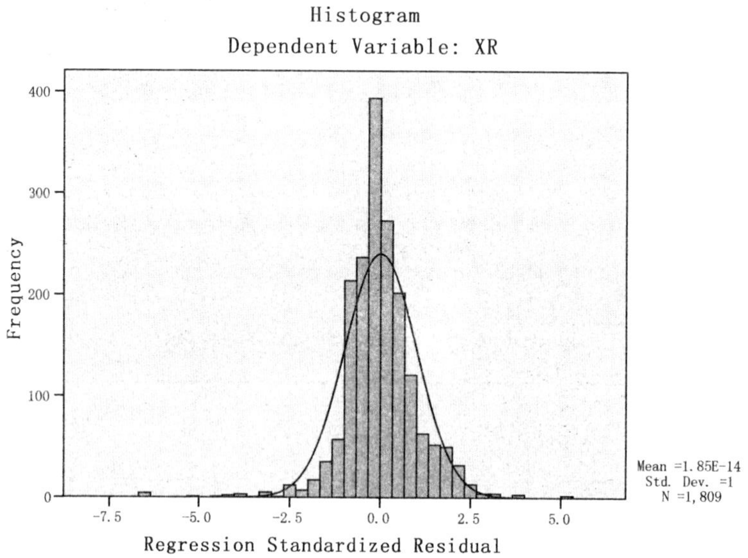

图 6-14 残差直方图

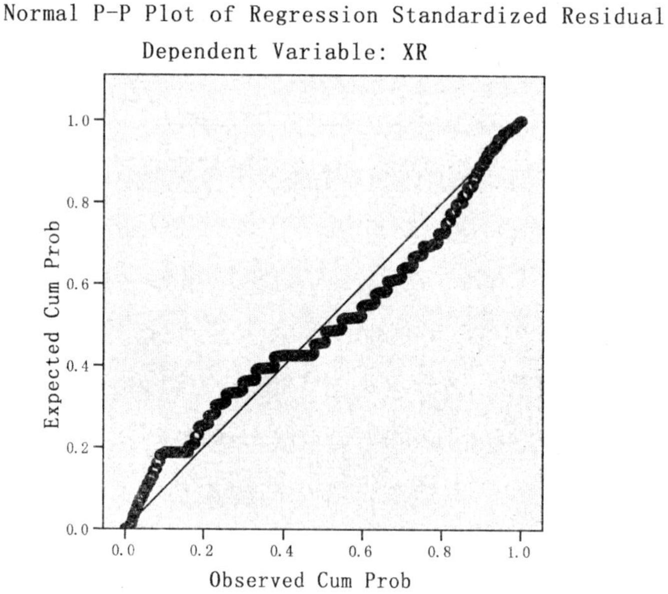

图 6-15 标准化残差的概率累计图

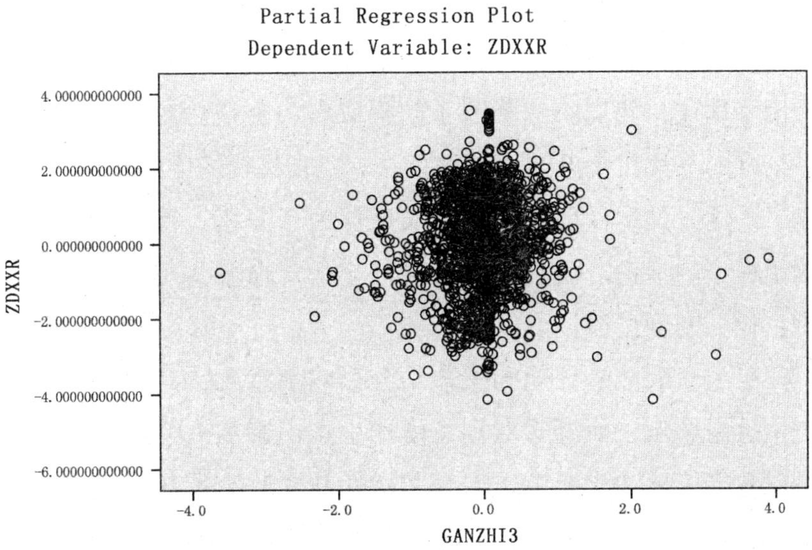

图 6-16　残差散点图

第八节　本章小结

本章对廉洁预期、廉洁感知、满意度和政府信任之间的关系进行了一一检验，检验结果归纳总结如表 6-13 所示：

表 6-13　假设检定结果

研究假设		实证结果
H4a	公众廉洁预期对其满意度存在直接的负向影响	成立
H4b	公众廉洁感知对其满意度有直接的正向影响	成立
H4c	公众满意度对政府信任有显著正向影响作用	成立
H4d	公众廉洁预期对政府信任有直接的负向影响	不成立
H4e	公共廉洁感知对政府信任有直接的正向影响	成立

我们得到以下结论：

一是通过探索性因子分析和验证性因子分析，确定廉洁预期由三个因子构成，我们将三个因子分别取名为公众对政府机构廉洁预期、公众对立法机构廉洁预期和公众对监督机构的廉洁预期。

二是通过探索性因子分析和验证性因子分析，得出政府信任为三因子模型的结论。我们分别给这三个因子命名为契约型信任、合作型信任、制度型信任。

三是公众廉洁的预期和感知均会影响满意度，其中预期对满意度产生反向影响，而感知对满意度产生正向影响。公众对廉洁的预期不对政府信任产生影响，但是其感知却对政府信任产生直接正向影响，公众对政府的满意度也对政府信任产生直接正向的影响。

第七章

满意度的作用机制研究

本章主要探讨满意度在廉洁预期、廉洁感知与政府信任之间的关系中发挥的作用，通过列出其所有关系，一一验证，最终找到满意度在整个模型中发挥的作用，从而为提升政府信任找到理论依据。

在分析满意度在整个模型中到底是起到中介作用还是调节作用之前，我们需要先对中介变量和调节变量进行比较。调节变量要求前后两个变量的相关性不能非常强，即调节变量 M 与 X、Y 的相关性可以显著，也可以不显著，不显著是其较为理想的状态。中介变量要求 M 与 X、Y 的相关性都非常显著。中介变量的模型是 $M = aX + e_2$，$Y = c' X + bM + e_3$，而调节变量的典型模型是 $Y = aX + bM + cXM + e$。我们在第六章发现，廉洁预期与政府信任没有非常强的相关性，但是廉洁感知与政府信任有非常强的相关性，这说明满意度在廉洁感知和政府信任中不存在调节作用，表明 H4f3 假设满意度在廉洁感知和政府信任之间具有调节作用是不成立的。因此就不需要再继续论证满意度在廉洁感知和政府信任中的调节作用了，只需要论证其中介作用。

对于中介变量到底是完全中介还是部分中介，我们根据统计学的相关知识得知，如果控制了中介作用，此时自变量对因变量的影响降低为0，这说明是完全中介作用。如果控制了中介作用，此时自变量对因变量的影响不为0，则表示该情况为部分中介作用。

第一节　满意度的中介作用检验

一、满意度在廉洁预期与政府信任的中介作用检验

对于中介作用的检验主要采用如下三个步骤：首先是通过中介变量对自变量进行分析，其观测系数需达到显著水平。然后是通过因变量对自变量进行回归分析，其观测系数需达到显著水平。最后，让因变量对自变量，因变量对中介变量，同时进行分析，并建立一个中介的模型，观察其中介变量的系数是否达到显著水平。如果中介变量系数显著，而自变量的观测系数下降，就表明中介变量在该模型中存在中介作用。对于到底是完全中介效应还是部分中介效应，主要观测最后一步的自变量系数，若系数下降，呈不显著状态，即是完全中介效应。若自变量系数下降程度小，且存在显著水平，即是部分中介变量，此时就表明，自变量一方面自己本身对因变量有影响作用，另一方面通过中介作用对因变量产生影响作用。

根据以上检验方法，依次对廉洁预期（自变量X）→满意度（中介变量F）→政府信任（因变量Y）进行检验，检验结果如表7－1所示。

表7－1　满意度中介效应的依次检验

标准化回归方程		回归系数检验	
第一步	y＝－0.005x	SE＝0.029	t＝－0.232（p＝0.817）
第二步	F＝－0.087x	SE＝0.029	t＝－3.722（p＝0.000）
第三步	y＝0.181x－0.233F	SE＝0.031	t＝－5.956（p＝0.000）
		SE＝0.031	t＝4.638（p＝0.000）

研究结果显示，第一步的t值就是不显著的，而且并不符合如果中介变量系数显著，而自变量的观测系数下降这一标准，这说明，满意度在廉洁期望和政府信任之间不存在中介作用。

二、满意度在廉洁感知与政府信任的中介作用检验

由第六章的研究结果可知，廉洁感知对政府信任有显著正相关的影响，那么在这个正相关的影响中满意度是否起到了作用？是不是中介作用？如果是中介作用到底是部分中介还是完全中介？本部分根据温忠麟（2005）等人总结的中介效应检验办法进行验证，检验顺序依次为廉洁感知（自变量X）→满意度（中介变量F）→政府信任（因变量Y），检验结果如表7－2所示。

表7－2　满意度中介效应的依次检验

标准化回归方程		回归系数检验	
第一步	y＝0.395x	SE＝0.020	t＝18.256（p＝0.000）
第二步	F＝0.462x	SE＝0.019	t＝22.168（p＝0.000）
第三步	y＝0.030x＋.　788F	SE＝0.016	t＝49.815（p＝0.000）
		SE＝0.015	t＝1.900（p＝0.058）

研究结果显示前面三步的t值都是非常显著的，这说明满意度在廉洁感知和政府信任中起到中介作用，而最后一步t值不显著，

则说明，满意度在廉洁感知和政府信任中起到的是完全中介的作用，即廉洁感知之所以影响到了公众对政府的信任实际上是完全通过政府的满意度来影响的。这说明假设 H4f：公众腐败满意度在廉洁感知和政府信任之间具有中介作用获得验证，表示这个假设成立，同时假设 H4f1：满意度在廉洁感知和政府信任之间具有完全中介作用获得了支持，而假设 H4f2：满意度在廉洁感知和政府信任之间具有部分中介作用不成立。我们可以说，廉洁感知是完全通过满意度来影响公众对政府的信任的。

由此，我们可以得到满意度在廉洁感知到政府信任的路径分析图（如图 7－1）。

图 7－1　廉洁感知、满意度和政府信任路径图

第二节　满意度的调节作用检验

本研究对满意度在廉洁预期与政府信任中调节作用的检验主要采用回归分析方法。感知风险调节作用的分析检验，主要采用温忠麟等（2005）的方法，即在调节作用研究中用带有乘积项的回归模型做层次回归分析。首先做 Y（政府信任）对 X（廉洁预期）和 M（满意度）的回归，得测定系数 R_1^2。然后做 Y（政府信任）对 X（廉洁预期）、M（满意度）和 XM 的回归得 R_2^2。如果研究结果中 R_2^2 显著高于 R_1^2，则 M（感知风险）调解效应显著。或者做 XM 的偏回归系数检验，若显著，则调解效应显著。

乘积项 XM 是由 X 与 M 相乘而来的，然而 XM 与 X、M 两者会有很高的相关性，即严重的共线性问题。对于共线性问题的解决，Aiken 和 West（1991）采用将 X 与 M 中心化的方法，即针对 X 与 M 进行线性转移，将其平均数移到 0 后再相乘。吴宗佑，郑伯埙（2006）认为比较简单的做法是将 X 与 M 的值直接标准化（X→ZX；M→ZM）就可以，然后相乘得 Z_XZ_M。本研究将采用中心化的方法对数据进行标准化后再进行研究。

根据以上检验方法，本研究验证了满意度在廉洁预期和政府信任之间是否存在调节作用，检验结果如表 7－3 所示。

表 7－3　满意度调节效应的依次检验

标准化回归方程		R_1^2	R_2^2	ΔR^2
第一步	y = 0.065x + 0.808m	0.648	－	－
第二步	y = 0.082x + 0.763m + 0.114mx	－	0.658	0.01

由表 7－3 可知，$R2^2$ 比 $R1^2$ 大 0.01，同时 MX 的回归系数为 0.114，P 值为 0.000，说明满意度在廉洁预期和政府信任中有调节作用。

第三节　本章小结

本章验证了满意度在廉洁预期与政府信任关系中的作用，也验证了满意度在廉洁感知与政府信任关系中的作用，检验结果如表 7－4所示。

表 7－4 假设检定结果

研究假设		实证结果
H4f	满意度在廉洁感知和政府信任之间具有中介作用	成立
H4f1	满意度在廉洁感知和政府信任之间具有完全中介作用	成立
H4f2	满意度在廉洁感知和政府信任之间具有部分中介作用	不成立
H4f3	满意度在廉洁感知和政府信任之间具有调节作用	不成立
H4g	满意度在廉洁预期和政府信任之间具有中介作用	不成立
H4g1	满意度在廉洁预期和政府信任之间具有完全中介作用	不成立
H4g2	满意度在廉洁预期和政府信任之间具有部分中介作用	不成立
H4g3	满意度在廉洁预期和政府信任之间具有调节作用	成立

本章研究结果显示：

第一，满意度在廉洁期望和政府信任之间不存在中介作用。

第二，满意度在廉洁感知和政府信任之间具有中介作用，廉洁感知是完全通过满意度来影响公众对政府的信任的。

第三，满意度在廉洁预期和政府信任中有调节作用。

结论与展望

本文在文献整理和分析的基础上，在相关理论的支持下，将ACSI模型引入到廉洁问题的模型构建中，建立了由廉洁预期、廉洁感知、满意度和政府信任为主的廉洁问题模型，并结合个人基本属性和大众传媒对廉洁感知的影响，完善了廉洁问题的模型构建。通过实证调研，一一解析了各关键变量因子构成，并进一步理清各关键变量之间的关系，对寻找到底哪些因素影响了公众对政府廉洁与否的感知，哪些因素影响了公众对政府的信任，满意度在整个过程中起到什么作用等问题进行了深入分析。

一、研究的主要结论

本研究对北京，武汉，福州，太原，宁夏，成都6个城市进行调研，共获得1809份有效问卷，这1809份有效问卷显示，以7分为满分，被试者对廉洁预期的平均得分为5.530分，廉洁感知平均得分为3.766分，满意度平均得分为4.074分，政府信任平均得分为4.220分。这说明从总体来上来看，公众对政府在廉洁方面的期望是非常高的，而其实际感知到的廉洁情况可能相对低一点，因此其满意度和对政府信任总体来看中等偏上一点，目前处于比较良好的状况。具体分析各变量的情况，结论如下：

（一）个人基本属性对廉洁感知的影响

（1）公众性别不同，其廉洁感知不存在显著差异。这说明性别这一变量对廉洁感知不存在什么影响，男性女性对廉洁的感知都差不多。

（2）年龄的大小不同，廉洁感知并无显著差异。这说明年龄对廉洁感知并不存在多大影响。

（3）教育程度不同，其廉洁感知有明显差异，且这一差异，在廉洁感知的三个分量表中均有体现。总体说来，学历高其对政府的廉洁感知越明显。

（4）职业不同，其廉洁感知有显著差异。进一步分析可知，教师和自由职业者则认为政府最廉洁。

（5）婚姻状况不同，其廉洁感知有显著差异。进一步分析可知，对政府廉洁感知最强的人群是已婚有小孩的人士。

（6）月收入不同，其廉洁感知有显著差异。进一步分析可知，收入居中的人群对政府的廉洁感知最强。

（7）政治面貌不同，其廉洁感知有显著差异。进一步分析可知，中共党员对政府的廉洁感知最强。

（8）居住位置不同，其廉洁感知有显著差异。进一步分析可知，东部城市的公众廉洁感知最不强烈，其次是南部，再次是北部，再次是中部，而西部的公众廉洁感知最强。

（9）城市类别不同，廉洁感知无显著差异。公众并不因为在不同城市就对其政府的廉洁感知不同。

（二）大众传媒对廉洁感知的影响

（1）不同的信息来源，其廉洁感知有显著差异。亲身经历、广播和源自他人这样的信息来源最容易让公众产生对政府的廉洁感知。手机等其他方式还没有成为影响其廉洁感知的主要来源和媒体方式。

（2）报道方式不同，其廉洁感知有显著差异。当我们报道廉洁信息的时候，廉洁信息的报道与我们感受到政府是比较廉政的是相关的，而我们报道腐败信息的时候，腐败信息的报道与我们对政府廉政的感知就不相关。这就说明当我们多报道廉洁信息的时候，我们会更多地感知到政府的廉政性。

（3）揭露腐败信息的多少不同，其廉洁感知有显著差异。公众认为媒体揭露腐败事件越多其廉洁感知越强烈，而揭露腐败信息越少，其廉洁感知越不强烈。

（三）廉洁预期、廉洁感知、满意度和政府信任之间的关系

（1）探索并验证了廉洁感知的因子构成，结果显示廉洁感知是由三个因素构成的，分别是公众对政府机构廉洁感知、公众对立法机构廉洁感知和公众对监督机构的廉洁感知。

（2）探索并验证了廉洁预期的因子构成。确定了其由三个因子构成，我们将三个因子分别取名为公众对政府机构廉洁预期、公众对立法机构廉洁预期和公众对监督机构的廉洁预期。

（3）探索并验证了政府信任的因子构成，得到三因子模型。我们分别给这三个因子命名为契约型信任、合作型信任、制度型信任。

（4）探析了各变量之间的关系。研究发现公众廉洁的预期和感知均会影响满意度，其中预期和满意度呈反向影响，而感知和满意度呈正向影响。公众对廉洁的预期不对政府信任产生影响，但是公众对廉洁的感知却对政府信任产生直接正向影响。公众对政府的满意度也对政府信任产生直接正向的影响。

（四）满意度在各变量中所起作用

（1）满意度在廉洁期望和政府信任之间不存在中介作用。

（2）满意度在廉洁感知和政府信任之间具有中介作用，廉洁感知是完全通过满意度来影响其对政府的信任的。

（3）满意度在廉洁预期和政府信任中有调节效应。

二、政策建议

（一）分类引导公众，精准提升公众廉洁感知，破解腐败感知陷阱

受教育程度、职业、婚姻状况、月收入、政治面貌和居住位置不同的公众，其廉洁感知都不尽相同，我们根据不同的人群精准制定策略，提升其廉洁感知。首先，对于已经感觉政府非常廉洁的人群，我们可以充分信任，让其更多地参与公共事务，更好地巩固其政府信任。其次，对于中间分子我们要引导，让其能够更好地感知政府的廉洁情况。最后，廉洁感知不强的人群是我们寻找反腐倡廉工作问题的重要人群，我们应通过分析这些人群为什么感知不到政府的廉洁，来反思我们的工作还存在哪些问题，进一步打好反腐攻坚战。政府应通过多种渠道，采取多种方法，为不同公众提供更加个性化和人性化的管理与服务，实施更加精准的反腐政策，为取得反腐倡廉的全面胜利而不懈努力。

（二）更好地发挥大众传媒的作用

亲身经历会使得公众对廉洁感知最强烈，因此每一位公务人员都要提升为公众服务的水平、能力和意识，让他们在每一次与政府打交道的过程中感受到政府的廉洁。广播和人际交流这种口口相传模式也会影响到公众对政府的廉洁感知，因此提升广播利用率，注

意以口口相传这种非正式沟通的方式进行正确引导。另外在信息播报方面，我们要注意正面形象的报道，而不是只报道腐败，廉洁的报道更有利于公众感知到政府的廉洁。

（三）回应公众期望，提升公众廉洁感知

公众的廉洁期望反向影响其满意度，因此我们要回应公众在廉洁方面的期望，使得其期望合理，而不是期望过高，在期望合理的情况下，我们再通过政府自身全方位努力提升其廉洁感知，这样期望低，而感知强，公众的满意度就会高。

（四）提升公众满意度，稳固政府信任

公众的廉洁感知会直接影响到对政府的信任，而这个影响是完全通过中介变量满意度进行的，因此提升公众满意度是提升政府信任的最重要的渠道。让公众在政府廉政工作的方方面面都满意，才能使其对政府产生信任。因此我们只有提升党的执政能力和执政水平，提升公众满意度，进而才能全方位地提升政府信任。

三、研究的主要创新

本书在借鉴以往研究成果的基础上，构建了以廉洁预期、廉洁感知、满意度和政府信任为主要变量的廉洁模型，在此基础上讨论了个人基本属性和大众传媒对关键变量廉洁感知的影响。本研究的创新主要体现在以下三个方面。

（一）本文初次探索并验证了廉洁感知的结构维度

以往对于廉洁感知大多都是定性的研究，运用定量的方法，采用调研实证分析进行论证的极为少见。本研究通过探索性因子分析、验证性因子分析和备择模型择优比较，最后得出，廉洁感知由三维度构成，分别是公众对政府机构廉洁感知、公众对立法机构廉洁感知和公众对监督机构的廉洁感知。

（二）构建了廉洁预期、廉洁感知、满意度和政府信任的模型，并验证各变量之间的关系

公众廉洁的预期和感知均会影响满意度，其中预期和满意度呈反向影响，而感知和满意度呈正向影响。公众对廉洁的预期不对政府信任产生影响，但是其感知却对政府信任产生直接正向影响。公众对政府的满意度也对政府信任产生直接正向的影响。

（三）提出并验证了满意度在模型中所起到的作用

研究发现满意度在廉洁期望和政府信任之间不存在中介作用，但在廉洁感知和政府信任之间具有中介作用，廉洁感知是完全通过满意度来影响其对政府的信任的。同时，满意度在廉洁预期和政府信任中有调节效应。

四、研究的局限及展望

尽管本研究已经完全按照科学的研究范式进行，在调研的每一步都尽可能追求完美完善，在统计的每一步都尽可能做到科学严谨，但是由于研究样本的限制，研究时间的限制和研究要素的限制，文章不可避免地存在一些局限，在未来的研究中将进一步将其完善，也提供给后来研究者更广阔的空间。

（一）研究样本的限制

尽管本研究已经在北京，武汉，福州，太原，宁夏，成都 6 个城市都展开调研，但是这 6 个城市对其他地区的推广性如何，还有待进一步验证。

（二）研究时间的限制

本研究的结论都是来自对数据的调研，而数据是这些被试这一

段时间的一个认知和感受，是一个横断面，因此要更加强有力地论证和支撑这些结论，未来还应该继续长期的追踪研究。

（三）研究要素的限制

本研究尽管已经将廉洁中的主要变量都考虑进模型，但是还仍然可能有别的变量会起到影响，不可能把所有变量都考虑完全，因此这些未考虑进入的变量就是下一步需要进一步完善的关键。

参考文献

一、外文文献

[1] Citrin J., Muste C. Trust in government [A] //Robinson, J. P., Shaver, P. R., Wrightsman, L. S. Measures of political attitudes [C]. San Diego, CA: Academic Press, 1999: 465-532.

[2] Easton D. A System Analysis Of Political Life [M]. New York, 1965.

[3] Fornell C. A national customer satisfaction barometer: the Swedish experience [J]. Journal of Marketing, 1992, 56 (1): 6-21.

[4] Fornell C. et al. 美国顾客满意度指数 [J]. 管理学报, 2005, 2 (4): 21-24.

[5] Gire J. T. A psychological analysis of corruption in Nigeria [EB/OL]. http://www.rrojasdatabank.org/corrupt.htm, 2009-06-08.

[6] Gupta, Sanjeecd, Hamid R., Davoodi, Alonso-Terme R. Does Corruption Affect Income Inequality and Poverty [R]. IMF Work-

ing Paper Series WP/98/76, 1998.

[7] Joseph S., Nye, Zelikow P. D., King D. C. eds. Why People Don't Trust Government [M]. Cambridge. Mass.: Harvard University Press, 1997.

[8] Lambsdorff J., Graf. Corruption in Empirical Research - A Review [R]. Transparency International working Paper, 1999.

[9] Low I. J. T. The End of Liberalism, Ideology, Policy, and the Crisis of Public Authority [M]. New York: W. W. Norton and Company, 1969.

[10] Mik Wisniewski. Assessing Customer Satisfaction with Local Authority Services using SERVQUAI [J]. Total Quality Management 2001 (12): 997.

[11] Mik Wisniewski. Assessing customer satisfaction with local authority services using SERVQUAI [J]. Total Quality Management, 2001 (12): 997.

[12] Miller A. H., Listhaug O. Political parties and confidence in government: a comparison of Norway, Sweden and the United States [J]. British Journal of Political Science, 1990 (20).

[13] Newton K., Norris, P. Confidence in public institutions: faith, culture, or performance? [A] //Pharr, S. J., Putnam R. D. Disaffected democracies: what's troubling the trilateral democracies? [C] New Jersey: Princeton University Press, 2000: 52-73.

[14] Nye Jr., Zelikow, King. Why People Don't Trust Government [M]. 1997.

[15] Osborne D., Gaebler T. Reinventing Government – How The Entrepreneurial Spirit Is Transforming The Public Sector [M]. MA: Addison – Wesley publishing Company, 1992.

[16] Parasuraman A., Grewal D. The impact of technology on the quality – value – loyalty chain: a research agenda [J]. Academy of Marketing Science, 2000, 28 (1): 168.

[17] Pei M. Corruption threatens china′s future [EB/OL]. http: //www. carnegieendowment. org/ files/ pb55 – pei – china – corruption – final. pdf, 2007 – 10.

[18] Peter Levine. If you want citizens to trust government, empower them to govern [EB/OL]. http: //www. thedemocraticstrategist. org/strategist/2011/03/if_ you want_ citizens_ to_ trust. php, 2011 – 03 – 15.

[19] Susan J. Pharr, Robert D., Putnam, Russell J. Dalton. A quarter – century of declining confidence [J]. Journal of Democracy, 2000, 2 (11): 5 – 25.

[20] Thomas J. C., Streib G. The new face of government: citizen – initiated contacts in the era of e – governments [J]. Journal of Public Administration Research and Theory, 2003, 13 (1).

[21] Van Ryzin G. G. et al. Drivers and consequences of citizen satisfaction: an application of the American customer satisfaction index model to New York City [J]. Public Administration Review, 2004, 64 (3): 331 – 341.

[22] Verba S., Nie H. N., Kim J. Participation and Political E-

quality: A Seven – Nation Com – Parison [M]. Cambridge: Cambridge University Press, 1987.

二、著作

[1] 林嘉诚. 政治心理形成与政治参与行为 [M]. 台北: 台湾商务印书馆, 1989.

[2] 王沪宁. 腐败与反腐败 [M]. 上海: 上海人民出版社, 1990.

[3] 刘明波. 外国监察制度 [M]. 北京: 中国人民大学出版社, 1994.

[4] 夏诚华. 旅美华人, 留学生对中华民国政治态度之研究 [M]. 台北: 财团法人海华文教基金会, 1994.

[5] 黄秀瑞. "台湾政治文化变迁与政治民主化." 陈文俊. 台湾的民主化: 回顾、检讨及展望 [M]. 台北: "中山大学" 政治学研究所, 1996: 65.

[6] 乌林. 用户满意——市场经济条件下企业永无止境的追求 [M]. 北京: 中国经济出版社, 1998: 256 – 258.

[7] 黄苇町. 失落的尊严: 惩腐备忘录 [M]. 北京: 作家出版社, 1998.

[8] 杨春洗. 腐败治理论衡 [M]. 北京: 群众出版社, 1999.

[9] 胡鞍钢. 中国: 挑战腐败 [M]. 杭州: 浙江人民出版社, 2001.

[10] 何增科. 中国转型期腐败和反腐败问题研究 [M]. 北京: 中央编译出版社, 2002.

[11] 刘宇. 顾客满意度测评 [M]. 北京：社会科学文献出版社，2003

[12] 黄芳铭. 结构方程模式：理论与应用 [M]. 北京：中国税务出版社，2005.

[13] 贾都强，李秋芳. 新加坡廉政建设的经验和对中国的启示 [C]. 反腐败思考与对策——中国社会科学院惩治和预防腐败体系理论研究论文集. 2005.

[14] 刘武. 公共服务接受者满意度指数模型研究 [M]. 沈阳：东北大学出版社，2014：256.

三、期刊

[1] 吴英明. 公私部门协力关系和公民众参与之探讨 [J]. 中国行政评论，1993 (3)：1 -14.

[2] 张曙光. 腐败与贿赂的经济分析 [J]. 中国社会科学季刊，1994 (1)：65 -68.

[3] 林瑞钦. 社区意识的概念—测量与提振策略 [J]. 社区发展研究学刊，1994 (31)：1 -21.

[4] 田心铭. 腐败行为的基本特征和腐败范畴的界定 [J]. 求是，1995 (2)：37 -42.

[5] 宋念谦. 台中市黎明社区居民社区意识之研究 [J]. 建筑学报，1998 (24)：51 -65.

[6] 于风政. 论"腐败"的定义 [J]. 新视野，2003 (5)：40 -43.

[7] 张旭霞. 政府与公众的信任关系是现代政府的力量源泉

[J]. 中共福建省委党校学报，2004（1）：33－37.

[8] 刘武，朱晓楠. 服务接受者满意度指数模型：服务型政府绩效评估的新方法及其应用 [J]. 公共管理研究，2006（00）：114－128.

[9] 盛明科，刘贵忠. 政府服务的公众满意度测评模型与方法研究 [J]. 湖南社会科学，2006，06.

[10] 王谦，李锦红. 政府部门公众满意度评价的一种有效实现途径 [J]. 中国行政管理，2006（1）：33－35.

[11] 吴建南，张萌，黄加伟. 基于 ACSI 的公众满意度测评模型与指标体系研究 [J]. 广州大学学报（社会科学版），2007，01.

[12] 熊林钟，陈周巧. 基于顾客满意度的产品市场评价 [J]. 大众科学研究与实践，2007，15.

[13] 宋旭光. 腐败的主观测评方法—以腐败感知指数为例 [J]. 统计研究，2007（6）：41－45.

[14] 鲍建国. 当代西方国家廉政建设主要理论与政策综述 [J]. 现代农业科技，2007（12）：206.

[15] 李砚忠. 政府信任：一个值得关注的政治学问题 [J]. 中国党政干部论坛，2007（4）：44.

[16] 郑方辉，雷比璐. 基于公众满意度导向的地方政府绩效评价 [J]. 学术研究，2007（3）：47－52.

[17] 朱国玮. 公众满意度测评理论与实证研究 [J]. 兰州大学学报（社会科学版），2007（3）：87－95.

[18] 刘新梅. 建设诚信政府提高政府公信力 [J]. 南华大学学报（社会科学版），2008（4）：54－59.

[19] 李涛，黄纯纯，何兴强，周开国. 什么影响了居民的社会信任水平? ——来自广东省的经验证据 [J]. 经济研究，2008 (1)：137－152.

[20] 张增田，孙士旺. 廉洁的内涵与廉洁教育的策略 [J]. 中国德育，2008 (4)：33－37.

[21] 梁莹. 合作型政府信任：现实层面的解读 [J]. 探索，2008 (2)：54－59.

[22] 蒋冬青，姜原成. 政府公众满意度测评－基于层次分析法与模糊评价的综合评价 [J]. 中南财经政法大学研究生学报，2009 (1)：76－82.

[23] 吕维霞. 公众感知政府服务质量影响因素实证研究 [J]. 国家行政学院学报，2010 (5)：34－37.

[24] 倪星，郜琳. 廉政工作绩效评估指标体系构建研究 [J]. 理论月刊，2010 (12)：31－34.

[25] 屈妍，程棵，黄德龙，杨晓光. 从消费价格指数分项变化看"十二五"期间物价走势 [J]. 科技促进发展，2011 (11)：34－39.

[26] 赵维良，赵东霞. 公务员关联绩效与工作满意度关系研究 [J]. 西安电子科技大学学报（社会科学版），2012 (2)：21－26.

[27] 徐娴英，马钦海. 基于期望视角的感知服务质量与顾客满意度区别研究 [J]. 数理统计与管理，2012，31 (05)：863－870.

[28] 范春梅，李华强，贾建民. 食品安全事件中公众感知风险的动态变化——以问题奶粉为例 [J]. 管理工程学报，2013，27 (2)：18－22.

［29］庄德水. 廉洁政治：内涵、结构与运行逻辑［J］. 廉政文化研究，2013，4（3）：1－6.

［30］刘中，路高峰. 廉洁政治的基本内涵及建设路径选择［J］. 领导科学，2013（8）.

［31］张增田，杨惠. 国内腐败与反腐败研究的热点主题及演进趋势［J］. 学术界，2013（4）：21－24.

［32］李春梅，刘桂花. 公众背景变量对其公众参与态度的影响分析——以成都市为例［J］. 中华文化论坛，2013（6）：146－152.

［33］王丛虎. 政府公信度与腐败认知度的关系——兼评透明国际CPI排名方法［J］. 教学与研究，2014（6）：15－21.

［34］傅利平，涂俊. 城市居民社会治理满意度与参与度评价［J］. 城市问题，2014（5）：85－91.

［35］张勤. 网络舆情的生态治理与政府信任重塑［J］. 中国行政管理，2014（4）：40－44.

［36］张琪敏. 论政务微博公众满意度研究的意义——基于ACSI研究模型［J］. 新西部（理论版），2015（12）：76＋69.

［37］陈鹏，臧雷振. 媒介与中国农民政治参与行为的关系研究——基于全国代表性数据的实证分析［J］. 公共管理学报，2015，12（03）：69－82，157－158.

［38］孙婷婷，梁昌勇，朱龙，徐枞巍. 政府绩效公众满意度的测评［J］. 统计与决策，2016（12）：46－49.

［39］燕道成. 网络亚文化视域中的青少年网络政治参与［J］. 湖南师范大学社会科学学报，2016，45（1）：152－159.

［40］王明. 公共危机下的政府公信力研究——以信息对称性评

价和“庆安枪击案”为基础［J］. 湖南科技大学学报（社会科学版），2016，19（2）：52－57.

［41］韩兆柱，何雷. 地方政府信任再生：影响维度、作用机理与策略启示［J］. 中国行政管理，2016（7）：96－100＋139.

［42］陈兰芝. 论习近平廉洁政治观的时代内涵［J］. 中共贵州省委党校学报，2016（1）：11－16.

［43］赵砚. 基于改进 ACSI 模型的政府绩效公众满意度测评研究［J］. 经济与社会发展，2016，14（1）：47－50.

［44］卢海阳，郑逸芳，黄靖洋. 公共政策满意度与中央政府信任——基于中国 16 个城市的实证分析［J］. 中国行政管理，2016（8）：92－99.

［45］倪星，张军. 我国公众反腐败行动的现状及其影响因素研究——基于 2015 年度全国廉情调查数据的实证分析［J］. 兰州大学学报（社会科学版），2017，45（3）：41－51.

［46］吴进进. 腐败认知、公共服务满意度与政府信任［J］. 浙江社会科学，2017（1）：43－51，156.

［47］张会芸. 当社会信任遇见政府信任——西方实证研究成果跟踪［J］. 华中科技大学学报（社会科学版），2017，31（4）：77－84.

［48］刘建平，周云. 政府信任的概念、影响因素、变化机制与作用［J］. 广东社会科学，2017（6）：83－89.

［49］周全，汤书昆. 媒介使用与中国公众的亲环境行为：环境知识与环境风险感知的多重中介效应分析［J］. 中国地质大学学报（社会科学版），2017，17（5）：80－94.

[50] 李辉. 腐败的两幅面孔：基于7000个司法裁判文书数据的描述分析 [J]. 理论与改革，2017 (5)：30-41.

[51] 魏勇，范支東，孙雷，刘桂建. 中国公众环境意识的现状与影响因素 [J]. 科普研究，2017，12 (3)：33-38，106.

[52] 李春梅，杨姣. 满意度在公众廉洁预期和政府信任中的作用 [J]. 西南交通大学学报（社会科学版），2018，19 (4)：1-10.

[53] 陶志梅，祁春子. 基于结构方程模型的邻避问题公众态度影响因素研究 [J]. 城市发展研究，2018，25 (5)：101-108，116.

[54] 胡荣，范丽娜，龚灿林. 主观绩效、社会信任与农村居民对乡镇政府信任 [J]. 社会科学研究，2018 (6)：105-113.

[55] 胡侦，王沙沙，李辉婕. 地方政府精准扶贫公众满意度研究——以江西省部分农村为例 [J]. 宁波广播电视大学学报，2018，16 (1)：64-70.

[56] 麻宝斌，马永强. 公众分配正义感受对政府信任的影响研究 [J]. 行政论坛，2018，25 (6)：31-37.

[57] 蒋叶莎. 绩效合法性视角下政府信任的提升——理论回溯与现实启示 [J]. 理论观察，2018 (11)：90-94.

[58] 帅满，罗家德，杨鲲昊. 地震对基层政府信任演化的影响和作用机制——基于汶川震后三年期追踪调查数据 [J]. 西安交通大学学报（社会科学版），2018，38 (5)：58-66.

[59] 林伯海. 《城镇居民公众参与认知、态度和行为关系的实证研究》书评 [J]. 四川理工学院学报（社会科学版），2018，33 (2)：2.

[60] 麻宝斌，马永强. 新时代政府信任的来源——社会公平和经济绩效及其影响力比较 [J]. 理论探讨，2019 (3)：160 - 165.

[61] 王立华，高芳蕊. 电子政务、腐败感知与民主发展水平——基于跨国面板数据的实证分析 [J]. 东北大学学报（社会科学版），2019 (3)：1 - 7.

[62] 崔春生，李梦竹，王雪. 基于淘宝网的网购顾客满意度模型实证研究 [J]. 数学的实践与认识，2019，49 (6)：87 - 99.

四、论文

[1] 陈怡如. 社区成人教育活动参与及其社区意识之关系研究 [D]. 高雄：高雄师范大学，2000.

[2] 郑慧兰. 高中生公民参与态度与行为之研究——以台北市公立高中为例 [D]. 台北：台湾师范大学公民训育系，2001.

[3] 吴佩雯. 高雄市居民社区意识、社区参与对社区发展协会满意度之关系 [D]. 高雄：高雄医学大学行为科学研究所，2003.

[4] 史红民. 中国政府信任研究 [D]. 郑州：郑州大学博士论文，2004.

[5] 吴宜芳. 国小学童政治态度之研究—以台南市高年级学童为例 [D]. 台南：台南师范学院社会科学教育系，2004.

[6] 刘贵忠. 政府服务的公众满意度测评研究 [D]. 湘潭：湘潭大学，2005.

[7] 李春梅. 城镇居民公众参与态度研究——以成都为例 [D]. 成都：西南交通大学，2005.

[8] 程倩. 论政府信任关系的历史类型 [D]. 北京：中国人民

大学，2006.

［9］刘岚芳. 基于民众满意度的社会发展评价研究［D］. 北京：首都经济贸易大学，2006.

［10］江受林. 基于村民满意感的基层政府信任问题研究［D］. 杭州：浙江大学，2007.

［11］刘武. 公共服务接受者满意度指数模型研究［D］. 沈阳：东北大学，2008.

［12］李永国. 当代美国政府信任的变化及其影响因素分析［D］. 石家庄：河北师范大学，2007.

［13］李蔚. 地方政府廉洁指数研究［D］. 广州：暨南大学，2007.

［14］刘武. 公共服务接受者满意度指数模型研究［D］. 沈阳：东北大学，2008.

［15］程金福. 媒介权力与政治权力的结构变迁——当代中国大众传媒与反腐倡廉研究［D］. 上海：复旦大学，2007.

［16］施宜君. 高屏地区国小教师传播媒体阅听行为与政治态度之研究［D］. 台湾：屏东教育大学社会发展学系，2007.

［17］邹凯. 社区服务公众满意度测评理论、方法及应用研究［D］. 长沙：国防科学技术大学，2008.

［18］随丽丽. 政府公众信任度模型研究［D］. 沈阳：东北大学，2009.

［19］吴俊姚. 国民小学生教师政治态度与政治参与之研究［D］. 屏东：屏东教育大学社会发展学系，2009.

［20］王晓璐. 辽宁省乡镇政府信任研究［D］. 大连：大连理

工大学，2010.

[21] 赵楠. 以公众满意度为导向的政府绩效评估研究 [D]. 郑州：郑州大学，2011.

[22] 郑稳. 城市边缘社区基本公共服务满意度研究 [D]. 石家庄：河北经贸大学，2014.

[23] 高婵芝. 地方政府核心竞争力与公众满意度的关系研究 [D]. 重庆：重庆大学，2014.

[24] 高婵芝. 地方政府核心竞争力与公众满意度的关系研究 [D]. 重庆：重庆大学，2014.

[25] 姜涵. 我国城市公共文化服务的分类供给研究 [D]. 青岛：青岛大学，2014.

[26] 倪群. 公众安全感的结构指标体系构建 [D]. 昆明：云南师范大学，2014.

[27] 王玲玲. 基于计划行为理论的公务员参与廉政教育意向研究 [D]. 合肥：中国科学技术大学，2014.

[28] 杨清. 公众科技态度及其影响因素研究 [D]. 武汉：华中农业大学，2014.

[29] 刘福刚. 县域幸福指数研究 [D]. 武汉：武汉大学，2014.

[30] 柳季琦. 大学生政治信任、媒介接触与网络群体事件参与行为的关系研究 [D]. 杭州：浙江师范大学，2015.

[31] 柳季琦. 大学生政治信任、媒介接触与网络群体事件参与行为的关系研究 [D]. 杭州：浙江师范大学，2015.

[32] 胡洁虹. 乡镇公务员心理契约、工作价值观与责任感关系

研究［D］. 南宁：广西民族大学，2015.

［33］胡洁虹. 乡镇公务员心理契约、工作价值观与责任感关系研究［D］. 南宁：广西民族大学，2015.

［34］龚王百贞. 民族地区公众感知政府与政府公信力的相关性研究［D］. 南宁：广西民族大学，2015.

［35］王琨. 媒体报道与大学生环境风险感知研究［D］. 武汉：华中科技大学，2015.

［36］韩雪婉. 城市社区减灾中的公众参与研究［D］. 兰州：兰州大学，2016.

［37］崔颖萍. 社区治理中的公众参与研究［D］. 北京：中国矿业大学，2016.

［38］徐敏. 收费公路政策的公众态度与公众参与机制研究［D］. 西安：长安大学，2016.

［39］张午光. 成都市政府 IT 产品采购信息公开公众满意度调查研究［D］. 成都：电子科技大学，2016.

［40］曹爽. 公众新媒体信任对政府信任的影响研究［D］. 杭州：浙江大学，2016.

［41］申动. 基本公共卫生服务公众参与现状及影响因素分析［D］. 广州：南方医科大学，2016.

［42］韩雪婉. 城市社区减灾中的公众参与研究［D］. 兰州：兰州大学，2016.

［43］梁慧. 大学生的廉洁感知度及其影响因素探析［D］. 广州：华南理工大学，2017.

［44］梁慧. 大学生的廉洁感知度及其影响因素探析［D］. 广

州：华南理工大学，2017.

[45] 罗雅文. 我国环境治理的公众参与研究 [D]. 武汉：华中师范大学，2018.

五、其他文章

[1] 萧扬基. 台湾中部地区高中生公民意识及相关因素之研究 [N]. 行政院国家科委员会专题研究计划成果报告（NSC 89 - 2413 - H - 212 - 003 - S），2000.

[2] 薄贵利. 十大因素影响政府公信力 [N]. 政府法制，2008，24.

[3] 中华人民共和国国务院新闻办公室. 中国的反腐败和廉政建设白皮书 [R]. 北京：2010 年 12 月.

附 录

附录1 预测试问卷

公众对政府廉洁感知与对政府信任关系调查

您好：

这是一份有关《公众对政府廉洁感知与对政府信任关系的实证研究》的学术研究问卷，分两大部分共78个问题，约占用您15分钟时间，请您根据对自己的真实感受回答，问题答案无所谓对或错。问卷采取不记名方式，全部资料仅作统计分析之用，绝不对外公开，请您安心填答。您的宝贵意见，将是本研究成功的关键。

请在您选定的选项前划“√”号。问卷中数字1~7表示同意的程度为：1表示完全不同意；2表示很不同意；3表示有点不同意；4表示一般；5表示有点同意；6表示很同意；7表示完全同意。

敬祝：身体健康！万事如意！

西南交通大学

第一部分：

一、个人基本情况调查

1. 性别：　(1) □男　(2) □女

2. 年龄：

(1) □19岁（含）以下　(2) □20－29岁

(3) □30～39岁　(4) □40～49岁

(5) □50～59岁　(6) □60岁（含）以上

3. 教育程度：

(1) □初中（含）以下　(2) □高中（职）

(3) □专科或本科　(4) □研究生（含）以上

4. 职业：

(1) □公务员　(2) □军人　(3) □教师　(4) □商业

(5) 农牧渔业　(6) □制造业　(7) □服务业

(8) □自由业　(9) □学生　(10) □失业　(11) □退休

(12) □其他

5. 婚姻状况：(1) □未婚　(2) □已婚—无小孩

(3) □已婚—有小孩　(4) 离异

6. 个人平均每月收入：

(1) □2000元及以下　(2) □2001元～5000元

(3) □5001元～8000元　(4) □8001元～10000元

(5) □10000元以上

7. 请问您的政治面貌是：

(1) □中共党员（含预备党员）　(2) □民主党派

(3) □团员　(4) □群众

8. 您居住地在国家所处位置：

（1）□东部　（2）□南部　（3）□西部　（4）□北部

（5）□中部

9. 您所在的地区：

（1）□一线大城市　（2）□二线省会城市　（3）□三线城市

（4）□乡镇及其以下

二、以下问题都是“单选”，请您在最具有代表性答案的“□”中打“√”。

1. 我对腐败问题的看法最主要来源是

（1）□亲身经历　（2）□电视　（3）□互联网

（4）□广播　（5）□手机短信或微信等

（6）□境外媒体（7）□听别人说的　（8）□其他

2. 我认为媒体报道廉洁的信息越多，越有利于反腐

（1）□非常不同意　（2）□不同意　（3）□比较不同意

（4）□一般　（5）□比较同意　（6）□同意

（7）□非常同意

3. 我认为媒体报道腐败的信息越多，越有利于反腐

（1）□非常不同意　（2）□不同意　（3）□比较不同意

（4）□一般　（5）□比较同意　（6）□同意

（7）□非常同意

4. 我认为媒体揭露腐败事例越多，腐败的情况越严重

（1）□非常不同意　（2）□不同意　（3）□比较不同意

（4）□一般　（5）□比较同意　（6）□同意

（7）□非常同意

5. 我认为媒体揭露腐败事例越少，腐败的情况越严重

（1）□非常不同意　（2）□不同意　（3）□比较不同意

(4) □一般 (5) □比较同意 (6) □同意

(7) □非常同意

第二部分：政府廉洁感知的相关调查

一、请依据您的真实想法，勾选下列问题的答案。在列表的左边表示您未接受政府服务前，对政府廉政情况的期望，在列表右边表示您与政府打交道后的实际感知，请区分开来，并在适当的“□”中打“√”。

	对左列所表述的情况，你期望它的程度如何？							对左列所表述的情况，你实际的感知如何？						
	非常不重要	很不重要	有点不重要	一般	有点重要	很重要	非常重要	非常不重要	很不重要	有点不重要	一般	有点重要	很重要	非常重要
	（您所期望）							（您所感知）						
	1	2	3	4	5	6	7	1	2	3	4	5	6	7
1. 当地政府的腐败情况对我的生活毫无影响	□	□	□	□	□	□	□	□	□	□	□	□	□	□
2. 当地政府都秉公办事，不需要靠关系，找门路	□	□	□	□	□	□	□	□	□	□	□	□	□	□
3. 在与政府打交道中工作人员不会主动向我索要贿赂	□	□	□	□	□	□	□	□	□	□	□	□	□	□
4. 当地政府出台重大公共政策会广泛征求民众意见	□	□	□	□	□	□	□	□	□	□	□	□	□	□

续表

	对左列所表述的情况，你期望它的程度如何？							对左列所表述的情况，你实际的感知如何？						
	非常不重要	很不重要	有点不重要	一般	有点重要	很重要	非常重要	非常不重要	很不重要	有点不重要	一般	有点重要	很重要	非常重要
					（您所期望）							（您所感知）		
	1	2	3	4	5	6	7	1	2	3	4	5	6	7
5. 政府给当地媒体（电视新闻、报刊评论）的环境宽松	□	□	□	□	□	□	□	□	□	□	□	□	□	□
6. 当地政府部门采购的竞标过程公开透明	□	□	□	□	□	□	□	□	□	□	□	□	□	□
7. 当地政府会主动公示招商引资招投标项目的运作情况	□	□	□	□	□	□	□	□	□	□	□	□	□	□
8. 当地做生意不需要花费与政府部门的交际费用	□	□	□	□	□	□	□	□	□	□	□	□	□	□
9. 我知道举报政府部门工作人员腐败的方法及程序	□	□	□	□	□	□	□	□	□	□	□	□	□	□
10. 当地对举报者的隐私保护等相关保密工作做得很好	□	□	□	□	□	□	□	□	□	□	□	□	□	□
11. 如果政府官员存在腐败现象，我能方便地举报	□	□	□	□	□	□	□	□	□	□	□	□	□	□

续表

	对左列所表述的情况，你期望它的程度如何？							对左列所表述的情况，你实际的感知如何？						
	非常不重要	很不重要	有点不重要	一般	有点重要	很重要	非常重要	非常不重要	很不重要	有点不重要	一般	有点重要	很重要	非常重要
					(您所期望)							(您所感知)		
	1	2	3	4	5	6	7	1	2	3	4	5	6	7
12. 当地政府各部门为民服务的态度端正	☐	☐	☐	☐	☐	☐	☐	☐	☐	☐	☐	☐	☐	☐
13. 政府部门会公布办事制度、程序	☐	☐	☐	☐	☐	☐	☐	☐	☐	☐	☐	☐	☐	☐
14. 政府通过公众信息网提供公共服务平台	☐	☐	☐	☐	☐	☐	☐	☐	☐	☐	☐	☐	☐	☐
15. 当地政府审批特许经营权的过程透明公正	☐	☐	☐	☐	☐	☐	☐	☐	☐	☐	☐	☐	☐	☐
16. 当地政府能够规范执法	☐	☐	☐	☐	☐	☐	☐	☐	☐	☐	☐	☐	☐	☐
17. 当地政府能够对公职人员违规执法等现象做到信息公开	☐	☐	☐	☐	☐	☐	☐	☐	☐	☐	☐	☐	☐	☐
18. 当地政府能够有效查处公款吃喝不正之风	☐	☐	☐	☐	☐	☐	☐	☐	☐	☐	☐	☐	☐	☐

续表

	对左列所表述的情况，你期望它的程度如何？							对左列所表述的情况，你实际的感知如何？						
	非常不重要	很不重要	有点不重要	一般	有点重要	很重要	非常重要	非常不重要	很不重要	有点不重要	一般	有点重要	很重要	非常重要
	（您所期望）							（您所感知）						
	1	2	3	4	5	6	7	1	2	3	4	5	6	7
19. 当地政府部门会公开财政预算	□	□	□	□	□	□	□	□	□	□	□	□	□	□
20. 当地政府的各个单位和机构没有“小金库”	□	□	□	□	□	□	□	□	□	□	□	□	□	□
21. 当地政府部门工作人员办事公正	□	□	□	□	□	□	□	□	□	□	□	□	□	□
22. 当地政府部门具有“以民为本”的公共服务意识	□	□	□	□	□	□	□	□	□	□	□	□	□	□
23. 若公民与政府发生纠纷，公民的利益能够得到保护	□	□	□	□	□	□	□	□	□	□	□	□	□	□
24. 当地人民代表大会的工作程序公开	□	□	□	□	□	□	□	□	□	□	□	□	□	□
25. 当地人民代表大会选举公正合理	□	□	□	□	□	□	□	□	□	□	□	□	□	□
26. 当地的司法系统工作人员廉洁公正	□	□	□	□	□	□	□	□	□	□	□	□	□	□

续表

	对左列所表述的情况，你期望它的程度如何？							对左列所表述的情况，你实际的感知如何？						
	非常不重要	很不重要	有点不重要	一般	有点重要	很重要	非常重要	非常不重要	很不重要	有点不重要	一般	有点重要	很重要	非常重要
					（您所期望）							（您所感知）		
	1	2	3	4	5	6	7	1	2	3	4	5	6	7
27. 当地人大或司法系统的领导干部有腐败问题就会受到查处	□	□	□	□	□	□	□	□	□	□	□	□	□	□
28. 当地检察院纠正与惩处行政机构腐败行为的力度合适	□	□	□	□	□	□	□	□	□	□	□	□	□	□
29. 反腐倡廉的各项规章制度在当地能够很好地贯彻	□	□	□	□	□	□	□	□	□	□	□	□	□	□
30. 当地的人大代表能在人大会议上传达群众意愿	□	□	□	□	□	□	□	□	□	□	□	□	□	□
31. 当地举报政府部门工作人员的行为是有作用的	□	□	□	□	□	□	□	□	□	□	□	□	□	□
32. 当地腐败行为能在群众举报后得到查处	□	□	□	□	□	□	□	□	□	□	□	□	□	□

续表

	对左列所表述的情况，你期望它的程度如何？							对左列所表述的情况，你实际的感知如何？						
	非常不重要	很不重要	有点不重要	一般	有点重要	很重要	非常重要	非常不重要	很不重要	有点不重要	一般	有点重要	很重要	非常重要
	（您所期望）							（您所感知）						
	1	2	3	4	5	6	7	1	2	3	4	5	6	7
33. 当地的审计等监察机构能够对审查结果进行公示	□	□	□	□	□	□	□	□	□	□	□	□	□	□
34. 当地的反腐机构能够向公众负责	□	□	□	□	□	□	□	□	□	□	□	□	□	□
35. 当地反腐机构的工作人员如有腐败现象，也会被查处	□	□	□	□	□	□	□	□	□	□	□	□	□	□
36. 您能通过有关机构了解到政府部门公共支出的情况	□	□	□	□	□	□	□	□	□	□	□	□	□	□
37. 领导干部个人财产状况申报制度完善	□	□	□	□	□	□	□	□	□	□	□	□	□	□
38. 当地反腐机构能够有效发挥作用	□	□	□	□	□	□	□	□	□	□	□	□	□	□

二、鉴于政府提供的服务情况，请您对其满意度进行评价，请在最能代表您意见的数字上打“√”。

1. 政府的廉洁情况令我感到很满意

完全不同意 1　2　3　4　5　6　7 完全同意

2. 政府的廉洁情况令我感到很愉快

完全不同意 1　2　3　4　5　6　7 完全同意

3. 政府为民办事的整体状况让我感到满意

完全不同意 1　2　3　4　5　6　7 完全同意

4. 从总体来看，我对我们的政府是满意的

完全不同意 1　2　3　4　5　6　7 完全同意

5. 如果有选择的机会，我仍然选择这个政府为我服务

完全不同意 1　2　3　4　5　6　7 完全同意

6. 如果有选择的机会，我希望政府仍然按当下的方式为我提供服务

完全不同意 1　2　3　4　5　6　7 完全同意

7. 政府的廉洁程度比我预期的要好

完全不同意 1　2　3　4　5　6　7 完全同意

三、政府信任（请注意：1. 完全不符合；2. 不符合；3. 较不符合；4. 一般；5. 较符合；6. 符合；7 完全符合，在最能代表您的意见的数字上打"√"，所有问题均为单项选择题。）

序号	问　项	1 完全不符合→7 完全符合						
1	我相信我们对政府部门腐败行为的监控是有效的	1	2	3	4	5	6	7
2	我相信政府部门有能力按照规范完成自己的职责	1	2	3	4	5	6	7
3	我相信政府部门如果腐败，将会付出很高的代价	1	2	3	4	5	6	7
4	我相信政府部门有规范的腐败评价体系	1	2	3	4	5	6	7
5	我相信政府部门的行为规范是很明确的	1	2	3	4	5	6	7

续表

序号	问 项	1 完全不符合→7 完全符合						
6	我相信我们和政府部门签订的各种合同都是很规范的	1	2	3	4	5	6	7
7	我认为我曾接触（了解）的政府部门在办理公共事务时一视同仁，很公平	1	2	3	4	5	6	7
8	我认为我曾接触（了解）的政府部门值得信赖	1	2	3	4	5	6	7
9	我认为我曾接触（了解）的政府部门不会利用我们的不知情而获取该部门或个人的利益	1	2	3	4	5	6	7
10	我认为我曾接触（了解）的政府部门在处理问题时的协商态度是诚恳的	1	2	3	4	5	6	7
11	我认为政府部门在发生重大灾难时会为广大公民提供支持	1	2	3	4	5	6	7
12	我认为政府部门在做出重大决策时会考虑到社会的整体利益	1	2	3	4	5	6	7
13	我相信政府部门不会违反法律法规来损害我们的利益	1	2	3	4	5	6	7
14	我相信政府部门不会违反规章制度来危害我们的利益	1	2	3	4	5	6	7
15	我相信国家的法律法规能够保护我们的利益	1	2	3	4	5	6	7
16	我相信政府部门的规章制度能够保护我们的利益	1	2	3	4	5	6	7

本问卷到此结束，请检查有无遗漏题目，再次感谢您的填答与协助！

附录2 正式测试问卷

公众对政府廉洁感知与对政府信任关系调查

您好：

这是一份有关《公众对政府廉洁感知与对政府信任关系的实证研究》的学术研究问卷，分两大部分共78个问题，约占用您15分钟时间，请您根据对自己的真实感受回答，问题答案无所谓对或错。问卷采取不记名方式，全部资料仅作统计分析之用，绝不对外公开，请您安心填答。您的宝贵意见，将是本研究成功的关键。

请在您选定的选项前划“√”号。问卷中数字1~7表示同意的程度：1表示完全不同意；2表示很不同意；3表示有点不同意；4表示一般；5表示有点同意；6表示很同意；7表示完全同意。

敬祝：身体健康！万事如意！

西南交通大学

第一部分：

一、个人基本情况调查

1. 性别：（1）□男 （2）□女

2. 年龄：

（1）□19岁（含）以下 （2）□20~29岁

（3）□30~39岁 （4）□40~49岁 （5）□50~59岁

（6）□60岁（含）以上

3. 教育程度：

（1）□初中（含）以下　（2）□高中（职）

（3）□专科或本科　（4）□研究生（含）以上

4. 职业：

（1）□公务员　（2）□军人　（3）□教师　（4）□商业

（5）农牧渔业　（6）□制造业　（7）□服务业

（8）□自由业　（9）□学生　（10）□失业

（11）□退休　（12）□其他

5. 婚姻状况：

（1）□未婚　（2）□已婚—无小孩　（3）□已婚—有小孩

（4）离异

6. 请问您个人平均每月收入：

（1）□2000 元及以下　（2）□2001 元 ~ 5000 元

（3）□5001 元 ~ 8000 元　（4）□8001 元 ~ 10000 元

（5）□10000 元以上

7. 请问您的政治面貌是：

（1）□中共党员（含预备党员）　（2）□民主党派

（3）□团员　（4）□群众

8. 您居住地在国家所处位置：

（1）□东部　（2）□南部　（3）□西部　（4）□北部

（5）□中部

9. 您所在的地区：

（1）□一线大城市　（2）□二线省会城市　（3）□三线城市

（4）□乡镇及其以下

二、以下问题都是“单选”，请您在最具有代表性答案的“□”中打“√”。

1. 我对腐败问题的看法最主要来源是

（1）□亲身经历　（2）□电视　（3）□互联网

（4）□广播　（5）□手机短信或微信等

（6）□境外媒体　（7）□听别人说的

（8）□其他

2. 我认为媒体报道廉洁的信息越多，越有利于反腐

（1）□非常不同意　（2）□不同意　（3）□比较不同意

（4）□一般　（5）□比较同意　（6）□同意

（7）□非常同意

3. 我认为媒体报道腐败的信息越多，越有利于反腐

（1）□非常不同意　（2）□不同意　（3）□比较不同意

（4）□一般　（5）□比较同意　（6）□同意

（7）□非常同意

4. 我认为媒体揭露腐败事例越多，腐败的情况越严重

（1）□非常不同意　（2）□不同意　（3）□比较不同意

（4）□一般　（5）□比较同意　（6）□同意

（7）□非常同意

5. 我认为媒体揭露腐败事例越少，腐败的情况越严重

（1）□非常不同意　（2）□不同意　（3）□比较不同意

（4）□一般　（5）□比较同意　（6）□同意

（7）□非常同意

第二部分：政府廉洁感知的相关调查

一、请依据您的真实想法，勾选下列问题的答案。在列表的左边表示您未接受政府服务前，对政府廉政情况的期望，在列表右边表示您与政府打交道后的实际感知，请区分开来，并在适当的“□”

中打“√”。

	对左列所表述的情况，你期望它的程度如何？							对左列所表述的情况，你实际的感知如何？						
	非常不重要	很不重要	有点不重要	一般	有点重要	很重要	非常重要	非常不重要	很不重要	有点不重要	一般	有点重要	很重要	非常重要
	（您所期望）							（您所感知）						
	1	2	3	4	5	6	7	1	2	3	4	5	6	7
1. 在与政府打交道中工作人员不会主动向我索要贿赂	□	□	□	□	□	□	□	□	□	□	□	□	□	□
2. 政府给当地媒体（电视新闻、报刊评论）的环境宽松	□	□	□	□	□	□	□	□	□	□	□	□	□	□
3. 当地政府部门采购的竞标过程公开透明	□	□	□	□	□	□	□	□	□	□	□	□	□	□
4. 当地政府会主动公示招商引资招投标项目的运作情况	□	□	□	□	□	□	□	□	□	□	□	□	□	□
5. 当地做生意不需要花费与政府部门的交际费用	□	□	□	□	□	□	□	□	□	□	□	□	□	□
6. 我知道举报政府部门工作人员腐败的方法及程序	□	□	□	□	□	□	□	□	□	□	□	□	□	□

续表

	对左列所表述的情况，你期望它的程度如何？							对左列所表述的情况，你实际的感知如何？						
	非常不重要	很不重要	有点不重要	一般	有点重要	很重要	非常重要	非常不重要	很不重要	有点不重要	一般	有点重要	很重要	非常重要
					（您所期望）							（您所感知）		
	1	2	3	4	5	6	7	1	2	3	4	5	6	7
7. 政府部门会公布办事制度、程序	□	□	□	□	□	□	□	□	□	□	□	□	□	□
8. 政府通过公众信息网提供公共服务平台	□	□	□	□	□	□	□	□	□	□	□	□	□	□
9. 当地政府审批特许经营权的过程透明公正	□	□	□	□	□	□	□	□	□	□	□	□	□	□
10. 当地政府能够有效查处公款吃喝不正之风	□	□	□	□	□	□	□	□	□	□	□	□	□	□
11. 当地政府部门会公开财政预算	□	□	□	□	□	□	□	□	□	□	□	□	□	□
12. 当地政府的各个单位和机构没有“小金库”	□	□	□	□	□	□	□	□	□	□	□	□	□	□
13. 当地政府部门工作人员办事公正	□	□	□	□	□	□	□	□	□	□	□	□	□	□

续表

	对左列所表述的情况，你期望它的程度如何？							对左列所表述的情况，你实际的感知如何？						
	非常不重要	很不重要	有点不重要	一般	有点重要	很重要	非常重要	非常不重要	很不重要	有点不重要	一般	有点重要	很重要	非常重要
					（您所期望）							（您所感知）		
	1	2	3	4	5	6	7	1	2	3	4	5	6	7
14. 当地政府部门具有“以民为本”的公共服务意识	□	□	□	□	□	□	□	□	□	□	□	□	□	□
15. 若公民与政府发生纠纷，公民的利益能够得到保护	□	□	□	□	□	□	□	□	□	□	□	□	□	□
16. 当地人民代表大会的工作程序公开	□	□	□	□	□	□	□	□	□	□	□	□	□	□
17. 当地的司法系统工作人员廉洁公正	□	□	□	□	□	□	□	□	□	□	□	□	□	□
18. 当地人大或司法系统的领导干部有腐败问题就会受到查处	□	□	□	□	□	□	□	□	□	□	□	□	□	□
19. 当地检察院纠正与惩处行政机构腐败行为的力度合适	□	□	□	□	□	□	□	□	□	□	□	□	□	□
20. 反腐倡廉的各项规章制度在当地能够很好地贯彻	□	□	□	□	□	□	□	□	□	□	□	□	□	□

续表

	对左列所表述的情况，你期望它的程度如何？							对左列所表述的情况，你实际的感知如何？						
	非常不重要	很不重要	有点不重要	一般	有点重要	很重要	非常重要	非常不重要	很不重要	有点不重要	一般	有点重要	很重要	非常重要
					（您所期望）							（您所感知）		
	1	2	3	4	5	6	7	1	2	3	4	5	6	7
21. 当地的人大代表能在人大会议上传达群众意愿	☐	☐	☐	☐	☐	☐	☐	☐	☐	☐	☐	☐	☐	☐
22. 当地举报政府部门工作人员的行为是有作用的	☐	☐	☐	☐	☐	☐	☐	☐	☐	☐	☐	☐	☐	☐
23. 当地腐败行为能在群众举报后得到查处	☐	☐	☐	☐	☐	☐	☐	☐	☐	☐	☐	☐	☐	☐
24. 当地的反腐机构能够向公众负责	☐	☐	☐	☐	☐	☐	☐	☐	☐	☐	☐	☐	☐	☐
25. 当地反腐机构的工作人员如有腐败现象，也会被查处	☐	☐	☐	☐	☐	☐	☐	☐	☐	☐	☐	☐	☐	☐
26. 您能通过有关机构了解到政府部门公共支出的情况	☐	☐	☐	☐	☐	☐	☐	☐	☐	☐	☐	☐	☐	☐
27. 领导干部个人财产状况申报制度完善	☐	☐	☐	☐	☐	☐	☐	☐	☐	☐	☐	☐	☐	☐

续表

	对左列所表述的情况，你期望它的程度如何？							对左列所表述的情况，你实际的感知如何？						
	非常不重要	很不重要	有点不重要	一般	有点重要	很重要	非常重要	非常不重要	很不重要	有点不重要	一般	有点重要	很重要	非常重要
	（您所期望）							（您所感知）						
	1	2	3	4	5	6	7	1	2	3	4	5	6	7
28. 当地反腐机构能够有效发挥作用	□	□	□	□	□	□	□	□	□	□	□	□	□	□

二、鉴于政府提供的服务情况，请您对其满意度进行评价，请在最能代表您意见的数字上打“√”。

1. 政府的廉洁情况令我感到很满意

完全不同意 1　2　3　4　5　6　7 完全同意

2. 政府的廉洁情况令我感到很愉快

完全不同意 1　2　3　4　5　6　7 完全同意

3. 从总体来看，我对我们的政府是满意的

完全不同意 1　2　3　4　5　6　7 完全同意

4. 如果有选择的机会，我仍然选择这个政府为我服务

完全不同意 1　2　3　4　5　6　7 完全同意

5. 如果有选择的机会，我希望政府仍然按当下的方式为我提供服务

完全不同意 1　2　3　4　5　6　7 完全同意

6. 政府的廉洁程度比我预期的要好

完全不同意 1　2　3　4　5　6　7 完全同意

三、政府信任（请注意：1. 完全不符合；2. 不符合；3. 较不

符合；4. 一般；5. 较符合；6. 符合；7 完全符合，在最能代表您意见的数字上打“√”，所有问题均为单项选择题。)

序号	问　项	1 完全不符合→7 完全符合						
1	我相信我们对政府部门腐败行为的监控是有效的	1	2	3	4	5	6	7
2	我相信政府部门有能力按照规范完成自己的职责	1	2	3	4	5	6	7
3	我相信政府部门有规范的腐败评价体系	1	2	3	4	5	6	7
4	我相信政府部门的行为规范是很明确的	1	2	3	4	5	6	7
5	我相信我们和政府部门签订的各种合同都是很规范的	1	2	3	4	5	6	7
6	我认为我曾接触（了解）的政府部门在办理公共事务时一视同仁，很公平	1	2	3	4	5	6	7
7	我认为我曾接触（了解）的政府部门值得信赖	1	2	3	4	5	6	7
8	我认为我曾接触（了解）的政府部门不会利用我们的不知情而获取该部门或个人的利益	1	2	3	4	5	6	7
9	我认为我曾接触（了解）的政府部门在处理问题时的协商态度是诚恳的	1	2	3	4	5	6	7
10	我认为政府部门在发生重大灾难时会为广大公民提供支持	1	2	3	4	5	6	7
11	我认为政府部门在做出重大决策时会考虑到社会的整体利益	1	2	3	4	5	6	7
12	我相信政府部门不会违反法律法规来损害我们的利益	1	2	3	4	5	6	7
13	我相信政府部门不会违反规章制度来危害我们的利益	1	2	3	4	5	6	7

续表

序号	问　项	1 完全不符合→7 完全符合						
14	我相信国家的法律法规能够保护我们的利益	1	2	3	4	5	6	7
15	我相信政府部门的规章制度能够保护我们的利益	1	2	3	4	5	6	7

本问卷到此结束，请检查有无遗漏题目，再次感谢您的填答与协助！

致　谢

悠悠岁月，白驹过隙，从我开始学术研究，至今已十余载。日月忽其不淹，春与秋其代序。掩卷沉思，百感交集。论文从酝酿到完成，倾注了许多人的关心、支持、鼓励和帮助，真诚地向他们致谢！

感谢我的导师蒋葛夫教授，他始终对我的研究予以期盼和关注，为我提供各种指点和帮助，才使得我的研究得以顺利完成。导师不仅在学术上给我指点，也在我对人生的思考与态度上予以点拨，他严密的逻辑思维，睿智宽容的学者风范，渊博的学识都使我深深受益。也感谢师母在学习上对我的鼓励，生活上对我的关心。遇到他们是我毕生的幸运！

感谢我的同事们。谢谢林伯海院长、刘占祥书记的支持。谢谢钱晓群教授和刘霓副教授的家人般的关怀。谢谢田雪梅教授始终如一的帮助，她对专著出版的期待，让我有了动力将文稿梳理以专著呈现。

感谢我的朋友们。谢谢武晓晨师兄的信任和帮助，谢谢叶强先生在数据调研方面给予的各种帮助。谢谢我的好友杨春梅、李怀仙、甯成梅、师晓娟……给予我的爱与支持，让我能够一直充满热情地对待我的研究。

感谢我的学生。谢谢杨姣、李青芮、冯欢、蒋菡、万红艳、邵继菊、杨露沙……教学相长，他们对知识的渴求和探索也激励我更加深入地研究。

感谢我的家人。谢谢我的父母，你们不求回报的无私付出始终是我坚强的后盾。谢谢我的丈夫唐云龙先生，他始终如一的支持和鼓励是我完成研究的动力，可以说在整个研究中也蕴含着你的一份辛劳。谢谢我的儿子唐准，为了成为他的榜样，我始终努力做更好的自己，他是我前进的巨大动力！

落其实者怀其树前，饮其流者怀起源，衷心感谢所有帮助我的人们，愿他们幸福！路漫漫，道阻且长。登高自卑，行远自迩。行则将至，做则必成。希望在未来的学术生涯中，我始终怀抱热情，愿回望来路，无愧芳华！